张煜鑫 著

IP 形象设计与衍生品开发

化学工业出版社

·北京·

内 容 简 介

本书紧跟当前国内文创产业蓬勃发展的趋势，针对当下热门的IP形象设计与衍生品开发，从设计调研到设计创意，从平面设计到三维建模，从包装设计到周边设计等，全方位介绍如何提取传统文化、企业文化、潮流文化中的相关元素，打造具有创意内涵的IP形象。全书共4章：第1章IP形象设计是什么，对当下IP形象设计的热度和趋势、IP形象设计的分类、IP形象设计常规创作流程、成功创作IP形象的关键等进行了阐述，并从文化创意和IP形象的关联角度进行打造主题文化IP形象的介绍；第2章IP形象设计思路与绘制，通过案例讲述头脑风暴后创意诞生的思路、平面设计稿诞生的过程，对IP形象的创作进行理论分析；第3章IP形象的三维制作，对当下最普及的几款三维软件进行介绍，包括3ds Max、ZBrush、Cinema 4D、Nomad，并通过实际案例进行操作展示；第4章IP形象衍生品开发，针对周边产品的设计和制作进行详细介绍，突出强调当下流行的盲盒IP形象设计。

本书可以作为高校动画、数字媒体、游戏设计、多媒体设计与制作、视觉传达设计、广告设计、包装设计及其他艺术类相关专业的教学用书，也可以作为动漫、影视、游戏等相关行业人员的参考读物，以及相关培训机构的培训教材。

图书在版编目（CIP）数据

IP形象设计与衍生品开发/张煜鑫著. —北京：
化学工业出版社，2023.11（2025.1重印）
ISBN 978-7-122-44089-1

Ⅰ. ①I… Ⅱ. ①张… Ⅲ. ①文化产品－产品形象－产品设计－教材②文化产品－产品开发－教材 Ⅳ.
①G124

中国国家版本馆CIP数据核字（2023）第167416号

责任编辑：张　阳　　　　　　　　　　　　　装帧设计：张　辉
责任校对：边　涛　　　　　　　　　　　　　版式设计：梧桐影

出版发行：化学工业出版社（北京市东城区青年湖南街13号　邮政编码100011）
印　　刷：三河市航远印刷有限公司
装　　订：三河市宇新装订厂
787mm×1092mm　1/16　印张8½　字数175千字　2025年1月北京第1版第4次印刷

购书咨询：010-64518888　　　　　　　　　　售后服务：010-64518899
网　　址：http://www.cip.com.cn
凡购买本书，如有缺损质量问题，本社销售中心负责调换。

定　价：55.00元　　　　　　　　　　　　　　　　　　　版权所有　违者必究

前 言

2020年11月，文化和旅游部发布的《关于推动数字文化产业高质量发展的意见》中引入IP概念，提出"培育和塑造一批具有鲜明中国文化特色的原创IP，加强IP开发和转化，充分运用动漫游戏、网络文学、网络音乐、网络表演、网络视频、数字艺术、创意设计等产业形态，推动中华优秀传统文化创造性转化、创新性发展"。在当今数字化和全球化的时代，IP形象已经成为品牌推广、文化宣传、市场营销中不可或缺的一环。通过精心设计和创作的IP形象，在文化性、延展度、美感方面将其延伸到周边产品的开发中，可以与目标受众建立深厚的情感纽带，创造出与众不同的消费体验，是助力国家文化产业发展的重要力量，也成为传播价值理念的重要载体。

本书旨在向读者介绍如何在IP形象设计与衍生品开发过程中，提取传统文化、企业文化和潮流文化等相关元素，创造具有创意内涵的IP形象作品。全书涉及从设计调研到设计创意的全过程，涵盖平面设计、三维建模、包装设计以及周边设计，尤其是当下最流行的盲盒文化等方面的内容。无论是对于创意设计师、品牌经理，还是对于IP形象设计和衍生品开发感兴趣的读者，本书都能提供实用的指导和灵感启发。书中将通过理论知识讲解、案例分析和实践经验分享，帮助读者深入了解IP形象设计和衍生品开发（尤其是盲盒IP设计）的核心原则和技巧。

中国式IP形象设计应该坚持中华文化立场，形成自己独特的思路和方式，在这个创意无限的领域里，发掘传统文化的魅力，挖掘企业文化的独特之处，把握潮流文化的脉搏，讲好中国故事，传播好中国声音，这是广大设计师共同的探索目标。愿本书能成为大家进行IP形象设计与衍生品开发的指南，帮助大家释放创造力，开拓创新之路。书中图片除注明出处的之外，其余均为本书作者自绘、自摄的或来自所指导的学生作品。需要说明的是，由于软件汉化的缘故，个别图片存在不规范之处。

本书为安徽省哲学社会科学规划项目资助成果（项目批准号：AHSKQ2018D67），安徽省高校科研项目资助成果（项目批准号：2023AH051074）。出版之际，要特别感谢参与书中作品设计的学生：顾妍、何佳琳、李雯雯、廖元卿、刘千慧、马倩倩、茅嫣薇、潘嘉宣、齐冰寒、孙道欢、王洁、吴智健、许菁菁、赵新宇（按姓氏拼音首字母排名）。

著 者

目录

第 1 章 IP 形象设计是什么
1.1 IP形象设计的概念/ 2
1.2 IP形象设计的分类/ 3
1.3 IP形象常规创作流程/ 6
1.4 IP形象创作成功的关键/ 7
1.5 文创与IP形象设计/ 9
 1.5.1 何为文创/ 9
 1.5.2 打造主题文化IP形象/ 9

第 2 章 IP 形象设计思路与绘制
2.1 IP形象设计理论基础/ 12
 2.1.1 IP形象设计基础理论/ 12
 2.1.2 IP形象设计创作方法/ 15
2.2 IP形象设计基础规范与创作实践/ 17
 2.2.1 主要形象设计/ 17
 2.2.2 三转面图设计/ 24

第 3 章 IP 形象的三维制作
3.1 相关制作软件介绍/ 28
 3.1.1 三维热门软件介绍/ 28
 3.1.2 3ds Max软件介绍/ 28
 3.1.3 ZBrush软件介绍/ 29
 3.1.4 Cinema 4D软件介绍/ 30
 3.1.5 Nomad软件介绍/ 31
 3.1.6 KeyShot软件介绍/ 32
 3.1.7 其他软件介绍/ 33
 3.1.8 几款软件之间的比较/ 37
3.2 使用3ds Max制作IP形象/ 39
 3.2.1 3ds Max软件工具简介/ 39
 3.2.2 案例实战："茶·拾"系列IP形象制作/ 41

3.3 使用ZBrush制作IP形象/ 54
 3.3.1 ZBrush软件工具简介/ 54
 3.3.2 案例实战：祥云瑞兽系列IP形象制作/ 56
3.4 使用Cinema 4D制作IP形象/ 67
 3.4.1 Cinema 4D软件工具简介/ 67
 3.4.2 案例实战：FWES系列IP形象制作/ 70
3.5/ 使用Nomad制作IP形象/ 97
 3.5.1 Nomad软件工具简介/ 97
 3.5.2 案例实战："茶·拾"系列IP形象道具制作/ 101

第 4 章 IP 形象衍生品开发
4.1 IP形象＋盲盒/ 107
 4.1.1 什么是盲盒/ 107
 4.1.2 盲盒的分类/ 107
 4.1.3 盲盒相关流行词解释/ 108
 4.1.4 盲盒的发展背景/ 109
 4.1.5 国内盲盒品牌及代表性IP/ 110
 4.1.6 盲盒文化延伸与产品研发/ 114
 4.1.7 文创IP＋盲盒/ 117
4.2 IP形象＋其他周边/ 126
 4.2.1 IP形象＋宣传品/ 126
 4.2.2 IP形象＋纪念品/ 129
 4.2.3 IP形象＋玩具/ 129
 4.2.4 IP形象＋生活用品/ 130
 4.2.5 IP形象＋数字产品/ 131

参考文献

第 1 章

IP 形象设计是什么

1.1 IP形象设计的概念

IP形象设计指的是为一个品牌、产品、角色或形象打造独特的视觉形象和个性化特征，以此来塑造品牌形象，提高品牌价值和影响力的过程。IP（Intellectual Property）即知识产权，也称知识所属权，是指人们就其智力劳动成果所依法享有的专有权利，通常是法律赋予创造者对其智力成果在一定时期内享有的专有权或独占权。知识产权从本质上说是一种无形财产权，它的客体是智力成果或知识产品，是一种无形财产或一种没有形体的精神财富，是创造性的智力劳动所创造的成果。IP形象设计是在知识产权保护的基础上，运用视觉语言等多种媒介，将一个品牌或形象呈现给消费者。

IP的形式可以多种多样，既可以是一个完整的故事，也可以是一个概念。广义上的IP依托于内容存在于各个领域，可以是任意一种文化创意形态，包括文学IP、艺术IP、游戏IP、形象IP、动漫IP、影视IP、品牌IP、音乐IP等（图1-1）。甚至，在有内容支撑并可被持续创作的情况下，一个价值观、一个人格都可以形成一个IP。IP设计的终极目标是追求价值和文化的认同，可以跨形态、跨时代、跨行业。

图1-1 IP存在的领域

IP形象设计的主要目的是为了在市场竞争中脱颖而出，吸引用户的注意力，提升品牌价值和美誉度，以达到更好的商业目的。一个成功的IP形象设计可以让消费者更容易地识别和记忆品牌，从而促进品牌认知和忠诚度的提升。

IP形象设计的过程中，需要从多个方面进行考虑和设计，如视觉形象、品牌声音、包装设计等。其中，视觉形象是最重要的方面之一。视觉形象包括品牌标志、标识、图像、色彩、字体等，这些都是品牌的基本要素。它们共同塑造了品牌的外在形象，通过视觉上的展现来吸引消费者的注意力，进而提高品牌的知名度和美誉度。

除了视觉形象，品牌声音也是IP形象设计的重要方面之一。品牌声音包括品牌的声音标志、广告配乐、语音引擎等。这些声音元素将品牌的形象、气质传递给消费者，增强了品牌的感性吸引力。包装设计也是IP形象设计的一部分。优秀的包装设计可以为品牌加分，加深消费者对品牌的印象和记忆，同时也可以提高消费者的信任感和购买意愿。

总之，IP形象设计可以让品牌具有吸引力更强的品牌形象和更广泛的品牌影响力，从而为品牌的长远发展打下基础。

1.2 IP形象设计的分类

IP形象设计可以根据不同的分类方式进行分类，以下是几种常见的分类方式。

风格分类： 根据设计风格进行分类，例如卡通风格、写实风格、抽象风格等IP形象。卡通风格IP形象，以夸张的表现手法、简单的线条勾勒出可爱、生动、个性的形象，具有很高的辨识度和亲和力，适用于儿童文学、动画、游戏等领域（图1-2）。写实风格IP形象，以真实的人物形象为蓝本进行设计，力求保留原始形象的特点，通过艺术手法加以修饰，表现出一定的美感和特色，适用于电影、电视剧、文学等领域（图1-3）。抽象风格IP形象，是采用抽象的形式和元素进行设计，这种形象可能不存在于常见的生活中，其目的在于通过对形式、色彩、线条、图案等元素的运用，创造出独特、具有识别度的形象，强调设计的艺术性和表现力（图1-4）。

图1-2　卡通风格IP形象　　　　图1-3　写实风格IP形象　　　　图1-4　抽象风格IP形象

形态分类： 根据产品形态进行分类，例如人物IP形象（图1-5）、动物IP形象（图1-6）、物品IP形象（图1-7）、植物IP形象（图1-8）等。人物IP形象是设计一个具体的人物形象，以人物为核心，通过造型、服装、动作等元素来表达特定的形象和意义，如迪士尼的米老鼠、超人等。动物IP形象以某种具体的动物为基础进行设计，通过对动物特征的把握和变形来形成一个新的形象，如史努比、海绵宝宝等。物品IP形象将某些具有特殊意义或代表特定品牌的物品进行设计，通过对形态、材质、色彩等元素的处理，使其具有更加独特的形象和价值，如可口可乐的可乐罐、苹果公司的苹果标志。图1-7是瓦当的物品IP形象。植物IP形象以某种具体的植物为基础进行设计，通过对植物的形态、色彩等元素的处理，形成一个新的形象，如星巴克的标志、长城葡萄酒的标志。图1-8是陈皮的IP形象。

图1-5　人物IP形象　　图1-6　动物IP形象　　图1-7　物品IP形象　　图1-8　植物IP形象

功能分类： 根据IP形象的功能进行分类，例如品牌推广IP形象（图1-9）、文化传承IP形象（图1-10）、社交媒体IP形象（图1-11）等。品牌推广IP形象主要用于商业领域，目的是推销产品或服务。这类IP形象通常具有易于传播和接受的特点，以及较强的商业性和市场性。文化传承IP形象注重展现文化内涵，它具有历史文化或者民族文化等方面的特点，旨在推广和传承文化。社交媒体IP形象是为了传递公益或社会责任感，倡导一种社会价值观念。这类IP形象通常具有积极向上的形象特点，旨在引导大众关注一些社会问题和责任。

图1-9　品牌推广IP形象"中辰电缆IP形象"　　图1-10　文化传承IP形象"敦煌九色鹿IP形象"　　图1-11　社交媒体IP形象"青岛旅游集团IP主形象奥帆帆"
（图源：青岛市文化和旅游局官网）

年份分类： 根据IP形象的产生年代进行分类，例如经典IP形象、新兴IP形象、未来IP形象等。经典IP形象指那些在过去几十年间已经形成并深入人心、被广泛认知的IP形象，通常是由于其长期的存在和深入的文化渗透而变得经典化，比如动画片《大闹天宫》中孙悟空的经典IP形象（图1-12）。新兴IP形象指近年来新兴的、备受关注和认知度不断提高的IP形象。新兴IP形象通常拥有鲜明的文化特征和时代气息，强烈的创新性和前瞻性，比如以茶文化创作的盲盒IP形象（图1-13）。未来IP形象指那些尚未出现或者刚刚形成的、前瞻性和创新性极强的IP形象。未来IP形象往往与新的技术、思想、文化等紧密联系，是未来文化和商业发展的重要组成部分，比如抖音平台虚拟人物柳夜熙（图1-14）。

图1-12　经典IP形象孙悟空　　图1-13　新兴的盲盒IP形象　　图1-14　未来IP形象柳夜熙

（图源：抖音官网）

动态分类：根据IP形象的动态表现形式进行分类，例如静态形象、动态形象、互动形象等。静态形象是指没有明显动态表现的IP形象，包括卡通形象、人物形象、动物形象等，这类形象更适合在静态的场合下使用，例如盲盒、潮玩、商标、广告、海报等。动态形象是指有明显动态表现的IP形象，包括动画形象、游戏形象、影视形象等。这类形象可以通过动态的表现形式更好地传递品牌形象、故事情节等信息，具有更加强烈的视觉冲击力。互动形象是指能够和用户进行互动的IP形象，包括虚拟形象、AR形象等。这类形象具有与用户进行互动的特点，可以通过互动形式更好地传递品牌形象、营销活动等信息，增加用户的参与度和黏性。

这些分类方式可以让设计师更好地理解和定义IP形象设计的特点，有助于设计师更好地掌握IP形象的特点和创意方向，使设计出来的形象更具有个性、地域性和文化性，更好地满足市场需求。

除了前面提到的分类方法，还有以下几种分类方法。

用途分类：根据IP形象的用途进行分类，例如商业形象、娱乐形象、教育形象、公益形象等。

情感分类：根据IP形象所传递的情感进行分类，例如喜剧形象、浪漫形象、悲剧形象、励志形象等。

意象分类：根据IP形象所代表的意象进行分类，例如自然形象、未来形象、历史形象、未知形象等。

技术分类：根据IP形象设计所使用的技术进行分类，例如手绘形象、数码绘画形象、3D形象、动画形象等。

这些分类方法是设计师在进行IP形象设计时需要考虑的因素。按照不同的分类方法进行分析和思考，可以更好地把握IP形象设计的特点和方向，从而创作出更好的设计方案。

1.3 IP形象常规创作流程

每个IP形象创作都有其独特的需求和挑战，虽然创作流程可能会有所不同，但大概可以总结为四个流程阶段，策划阶段→设计阶段→制作阶段→推广阶段。各个阶段体现在以下具体流程中。

（1）进行研究和分析（策划阶段）

在开始创作之前，你需要了解你的IP是什么，目标市场是什么，以及IP需要传达的信息是什么，并对此进行研究和分析，包括了解IP的目标受众和市场竞争对手。比如研究目标受众的喜好、行为和态度，找出目标受众的需求和痛点，以及探索竞争对手的品牌形象和市场策略。这些信息对于形象设计的成功至关重要。

（2）定义IP的品牌定位和特点（策划阶段）

根据上一阶段研究和分析的结果，再次定义IP的品牌定位和特点。品牌定位和特点是形象设计的核心，它将指导后续设计阶段的创意发散和筛选。此阶段还要考虑IP的核心价值、个性和声音，以及它在市场上的定位。

（3）创意发散（设计阶段）

接下来，需要将策划阶段产生的概念转化为具体的设计，并进行创意发散。创意发散是指通过各种思维技巧，发散思维，尽可能多地想出各种设计方案。可以使用头脑风暴、Mind Mapping、临摹等方式进行创意发散。要保持开放的心态，不断尝试各种新的创意方法。

（4）筛选和定位（设计阶段）

从创意发散的各种设计方案中筛选出最优秀的设计，并将它们进一步定位和细化。这个阶段通常包括绘制草图、手绘效果图或者计算机辅助设计等过程。要考虑形象的外观、颜色、字体、形状等因素，以及如何将IP的核心理念通过这些元素传递出来。通过对每个设计方案进行评估和测试，找出最适合IP形象的设计方案。在筛选时，要确保形象的品质和一致性，并且要确保它能够在各种不同的媒介上使用，还需要考虑设计的可行性、用户体验、视觉吸引力、品牌定位和目标受众的反馈等。

（5）设计和原型制作（制作阶段）

在这个阶段，将设计转化为具体的IP形象，根据定位和细化后的设计方案，进行设计和原型制作，将设计方案转化为具体的设计，可能还包括一些特殊效果、动画、音效等的制作，可以使用草图、效果图和计算机辅助设计软件等工具来进行。

（6）评估和修改（制作阶段）

在设计和原型制作完成后，对设计作品进行评估和修改。通过评估和测试，找出可能存在的问题和改进的空间。这个阶段的目的是确保设计方案符合品牌定位和目标受众的需求，以及在不同的媒介上表现一致。

（7）最终制作和推广（推广阶段）

在评估和修改完成后，可以进行最终的制作和推广。这个阶段要注意特殊效果、动画、音效等能够在各种不同的媒介，如在广告、展览、社交媒体上使用，能最终将设计的IP形象推广出去，并且要将其推向目标市场。这个阶段需要注意的是要确保IP形象与品牌的一致性。

1.4　IP形象创作成功的关键

IP形象创作成功的关键点，也可以说是注意事项，包括品牌定位、目标受众、创意创新、可持续性、市场趋势、知识产权，还包括视觉决策、故事性、情感共鸣、多元化表现、数据支持和持续优化等方面。这些关键点相互交织，只有在各个方面做到协调一致时，才能够创作出具有影响力和吸引力的IP形象。

（1）理解品牌定位和目标受众

在创作过程中，理解品牌定位和目标受众是非常关键的。品牌定位的核心是找到品牌的差异化优势，即使品牌在市场竞争中处于有利地位。品牌定位不仅包括品牌的产品定位、市场定位、价值定位等方面，还要考虑到目标受众、竞争对手、市场趋势等因素，从而制定出能够在市场竞争中脱颖而出的品牌定位策略。品牌定位不仅能够帮助品牌在市场中获得更多的关注和认可，还能建立起品牌和目标受众之间的紧密联系。如果品牌定位得当，就能够帮助品牌建立起独特的品牌形象，增加品牌的口碑效应和受众对品牌的忠诚度，提高品牌的市场占有率和营利能力。只有了解品牌的核心价值和特点，并考虑到目标受众的需求和痛点，才能够创作出符合品牌定位和目标受众需求的IP形象。

（2）创意创新和差异化

要在竞争激烈的市场中脱颖而出，IP形象需要具有独特的差异化设计和创意创新。在设计方面，注重内容的合理性、有趣性、夸张性，注意其造型特点、材质，以及受众群体的感知与共鸣；在产品、服务、营销等方面引入新的思想、概念或技术，通过与众不同的设计，创造出独特的价值主张，从而与竞争对手区别开来，赢得受众的青睐和忠诚度，增加品牌的价值和认可度，满足受众的新需求或创造新的市场机会。通常可以通过头脑风暴等方式寻找灵感，打造出有创意和独特性的IP形象。

（3）设计的一致性和可持续性

IP形象设计需要在不同的媒介上保持一致性，包括色彩、字体、图形和声音等方面，以便受众能够更容易地理解品牌，认同品牌，建立品牌忠诚度。同时需要考虑到设计的可持续性，以确保形象在长期发展中具有稳定性和持久性，提高受众对品牌的信任度，增强品牌的社会责任感和形象感染力。

（4）与市场趋势和文化相符

在IP形象的创作过程中，需要考虑到当前市场趋势和文化特点，包括人口特征、生活方式、消费习惯等。在国际化的IP形象设计中，需要考虑不同语言和文化之间的差异，确保所设计的IP形象在不同国家和地区都能被接受和喜爱。例如，在设计logo时，需要考虑字体、色彩、图案等在不同文化中的含义和象征。还要考虑未来的发展趋势，避免设计过于追求短期效果而忽略长期发展。例如，随着人工智能技术的发展，未来的IP形象设计可能需要更多地结合虚拟现实、增强现实等技术元素，以使设计更符合目标受众的需求和喜好。

（5）管理和保护知识产权

IP形象是一种知识产权，一个成功的IP形象通常都有一定的创新性和独特性。在设计过程中，要确定IP形象的知识产权归属，注意IP形象的元素是否具有独特性和原创性，需要合法地使用各种素材和软件，以避免被认为是抄袭的，确保不会侵犯其他企业或个人的权益，同时也要管理和保护好自己的知识产权。

（6）视觉决策

视觉决策是指在IP形象设计中对色彩、形状、字体、图案等视觉元素进行决策，根据IP形象的特点和目标受众的需求进行选择和搭配，在视觉元素上做出最佳选择。设计师还应该注意可重复性和可扩展性，以确保视觉元素在不同的使用环境和媒介中保持一致性和有效性。

（7）故事性和情感共鸣

IP形象设计需要有一个好的故事。故事性是IP形象设计中最基本的元素之一。以品牌IP形象为例，通过讲述品牌的背景、起源和发展历程，建立一个品牌故事，可以帮助消费者更深入地了解品牌，并在消费决策时产生共鸣。而情感共鸣是品牌成功的重要因素之一，可以通过情感化的视觉元素和故事情节，创作出有意义和富有情感的形象，吸引消费者的注意力并与之产生情感共鸣。通过故事性和情感共鸣的建立，可以在消费者心中建立一个令人印象深刻的品牌形象，这个品牌形象将成为消费者对品牌认知和记忆的重要来源。

（8）多元化表现

IP形象设计需要有多元化的表现形式，可以通过动画、插画、立体模型等形式进行呈现。IP形象设计中，人物形象是非常重要的设计元素之一。在人物形象的设计中，需要注意不同文化、性别、年龄、种族等因素的表现，以确保形象的多元化和包容性。其他多元化表现，比如不同文化背景下的色彩搭配、图案设计、排版等因素的考虑，都可以增加设计的多样性和包容性。

（9）数据支持

数据支持在IP形象设计中非常重要，不仅可以帮助设计师更好地了解受众和市场情况，还可以为设计提供更有针对性和有效性的参考，从而提高设计的成功率和效果。设计师需要根据不同的设计目标和要求，选择合适的数据支持工具和方法，进行数据分析和挖掘。例如，通过市场调研、用户调研等方式获取数据，更好地理解目标受众的需求和喜好，从而制定更加有效的形象设计方案。

（10）持续优化

IP形象设计不是一次性完成的工作，而是需要持续优化和改进。设计师需要建立有效的反馈和评估机制，不断关注市场和用户反馈，了解IP形象设计的效果和问题，及时做出调整和改进，以适应不断变化的市场环境。

1.5 文创与IP形象设计

1.5.1 何为文创

文创是文化创意（culture and creative）的简写，是指在保护和传承优秀传统文化的基础上，结合现代科技和艺术创意，以文化为核心，通过创意设计和创新技术，将文化元素转化为有特色、有文化内涵、有情感共鸣的产品或服务，以实现经济价值和文化价值的融合。文创产业包含了多个领域，包括但不限于艺术、设计、文学、影视、音乐、手工艺、传统文化、现代文化等。

文创产业是指以文化为基础，以创意为驱动，将文化内涵、历史背景、民间传说、艺术表现等各种文化要素加入创意产品和服务中，以创造出独特、有文化内涵和创意的产品和服务，构建起相应的文化创意产业链。

文创产业的兴起不仅推动了文化传承和保护，满足了人们日益增长的文化需求，也带动了一定规模的经济发展。在这个过程中，IP形象设计成为了文创产业中不可或缺的一环，不仅为文创产品打造独特的品牌形象和核心竞争力，进而提升市场竞争力和经济效益，也为经济发展注入了新的动力。

在IP形象设计方面，文创指的是将传统文化、历史故事、民间传说等元素融入形象设计中，使形象具有独特的文化内涵和创意。例如，以中国传统文化为主题的游戏、动画、漫画、小说等作品，就是文创产品的代表。中国传统文化具有非常丰富的资源，包含了许多不同的元素，如诗词、绘画、书法、音乐、戏曲、饮食等，若将这些元素进行IP形象创意，不仅具有较高的市场价值，同时也有助于推动中国文化在国际上的传播。

1.5.2 打造主题文化IP形象

当今社会，文化越来越受到重视，主题文化IP形象的打造应以优质文化IP持有方为主，整合多方资源，叠加品牌效应，从艺术、文学、科技等文化领域衍生。IP形象设计是当今设计的重要分支，随着知识经济时代的到来和市场竞争的加剧，越来越多的企业、政府开始意识到IP形象的重要性。IP形象设计不仅仅是一种商业策略，更是一种文化创新和传承。

从企业品牌的角度来看，许多企业都将IP形象设计作为品牌营销的一种重要手段。很多成功的IP形象，比如迪士尼的米老鼠、三丽鸥的Hello Kitty等，不仅在商业市场上拥有巨大的价值，同时也成为了跨越时代和国界的文化符号，影响着数以亿计的人们的生活和价值观念。

在文化领域，可放眼博物馆、美术馆、图书馆、文化馆、纪念馆、科技馆、文旅景区等，结合区域文化，逐步打造政府主导的城市IP形象、城市数字博物馆等。在艺术领域，可从非遗传承人、书法家、画家等着手，以名家作品与商业模式相结合，结合市场行情以及当下数字化技术特点，打造本土化专属IP。另外，还可以从企业文化、运动精神等多元角度逐步挖掘，找准产品定位，创新产品IP，打造独一无二品牌。

IP形象设计对中国传统文化的意义在于，它可以帮助传承和弘扬中国传统文化，让更多的人了解和认识中国传统文化。通过将传统文化元素融入IP形象设计中，可以使这些传统文化元素得以传承和发扬光大，同时也可以让更多人对传统文化感兴趣，促进传统文化的传承和创新发展。例如，中国的国宝大熊猫已经成为了一个广为人知的IP形象，它不仅代表着中国传统文化，而且在全球范围内拥有了大量的粉丝。通过将传统文化元素融入IP形象设计中，可以帮助人们更好地理解和欣赏传统文化，并促进文化传承和交流。

打造主题文化IP形象可以通过文化元素的传递和宣传，增强人们对自身文化的认同和自信，促进文化多元化和交流。可以将文化与现代生活相结合，通过产品、活动等多种形式向更多人宣传文化传统，让更多人参与传承文化传统，让文化焕发新的生命力和活力。

主题文化IP和普通IP在特性上既有相同的地方，也有区别之处。主题文化IP形象设计更注重文化内涵和情感表达，通常采用独特的风格和造型，并且更看重价值观的体现；普通IP形象设计更注重实用性和功能性，通常采用更简单、实用的设计风格。主题文化IP更强调主题和文化特色，通常会将文化内涵融入形象设计中，如采用民族传统文化、历史故事等元素，强化文化品牌的传承性，以形成一个独一无二的IP。

主题文化IP问世之初都没有流量，因为它们的知名度和受众群体尚未建立起来，很多人可能不了解它们的内涵和文化价值，也不了解这些IP所表达的情感和意义。因此需要重视文化的挖掘、内容的积累、展示的多元以及受众群体的参与。IP内容在高视觉引力和易扩散性上的积累，是传播的基础，而传播是IP被大众认知和认可的前提，有了传播才有认同和反馈，才有粉丝和粉丝经济，IP的价值才能凸显。

我们还要思考的是，在国家政策与市场主体动态影响下，高雅艺术、传统文化与现代商业如何巧妙结合才能达到融合共生与价值交融；是内容为王，还是商品属性为上；主题文化IP如何避免产品同质化，提升产品竞争力，开辟新的文化IP产业赛道。

第 2 章

IP 形象设计思路与绘制

根据之前介绍的流程"策划阶段→设计阶段→制作阶段→推广阶段"以及IP形象设计所具有的独特性、个性化、传达性、可塑性等特点，可以看出IP形象设计是一个理论与实践相融合的应用型学科内容，所涉及的知识点较多。单从设计的角度说，需要掌握的基础理论就涵盖了服务设计、用户体验设计、品牌建设、角色设计、字体与版式设计、包装设计等内容。

面对庞大的知识体系，初学者往往感到束手无策，本章的核心内容就是帮助初学者理清思路，抓住理论要点，快速掌握IP形象设计的要素和创作方法。

2.1　IP形象设计理论基础

2.1.1　IP形象设计基础理论

（1）服务设计

服务设计是指在为客户提供服务的过程中，从用户体验的角度出发，通过对服务过程中各个环节的设计和管理，来提升服务品质的方法和技术。该理论主要关注如何通过服务来提升服务质量和用户满意度。在IP形象设计中，设计师需要用服务设计的思路来打造具有差异化竞争优势的IP形象，从而提高品牌价值和市场竞争力。在IP形象设计中进行服务设计可以从以下角度着手：①客户需求分析，通过对目标客户的需求进行分析，了解其偏好、期望和需求，根据客户需求的不同，为其提供不同的IP形象服务。例如，在游戏行业中，有些玩家更喜欢可爱的游戏形象，有些玩家则更喜欢酷炫的游戏形象，因此游戏公司可以根据不同的玩家需求，提供不同类型的游戏IP形象。②个性化服务，在IP形象设计中，可以通过对用户行为、兴趣、偏好等信息的收集和分析，为用户提供个性化的服务，增强用户的黏性和满意度。例如，在一些社交应用中，根据用户的兴趣爱好和活跃程度，为用户推荐不同的IP形象和游戏等服务。③多元化的服务内容，IP形象设计可以为用户提供多元化的服务内容，使用户可以在不同场景中享受到不同类型的服务，提升用户体验。例如，在电子商务中，可以通过为用户提供丰富的数字IP形象内容，来满足用户多元化的IP形象体验需求。

（2）用户体验设计

用户体验设计（User Experience Design，UXD），主要关注用户与产品之间的互动过程，从用户的角度出发，通过考虑用户的需求、期望、行为习惯等，来提高产品的可用性和用户满意度。在IP形象设计中，考虑用户体验是设计的基础，设计师需要了解用户的需求和偏好，从而设计出具有吸引力、易于记忆、易于识别的IP形象。下面介绍一些用户体验设计的研究方法。

用户研究： 在设计初级阶段，设计师需要通过问卷调查、深度访谈、焦点小组等方式，了解用户的需求、行为习惯、心理和期望，以便更好地设计符合用户需求的IP形象。

用户旅程设计： 首先需要了解用户在接触、使用IP形象和与IP形象互动的过程中所经历的各个环节和感受，然后进行用户旅程设计，即设计一个完整的用户体验过程。这个过程需要涵盖从用户了解IP形象到使用IP形象的所有环节，并且需要考虑用户在不同环节中可能会遇到的问题和困惑。

原型设计： 在设计阶段，需要根据用户旅程设计出相应的原型。原型设计囊括IP形象的各个元素和细节，例如标志、色彩、图案、字体等。这些元素需要在原型设计中进行规划和布局，以便用户能够更好地理解和接受IP形象。

A/B测试： 在设计完成后，需要进行A/B测试来确定IP形象设计的最佳方案。这个测试可以采用随机抽样的方式，让一部分用户接触和使用A方案，另一部分用户接触和使用B方案，然后通过对比两个方案的用户反馈和行为数据来确定最佳方案。这个过程需要反复测试和改进，以确保最终的IP形象设计能够最大限度地满足用户需求。

数据分析： 最后，在推广阶段，需要通过数据分析来评估IP形象设计的实际效果。这个过程可以通过不同方法进行，例如用户反馈、使用数据、销售数据等，而且需要进行持续跟踪和改进，以不断提高IP形象设计的质量和效果。

（3）品牌建设

该理论主要关注如何通过品牌建设来提升品牌价值和市场竞争力。在IP形象设计中，设计师需要了解品牌定位、品牌识别、品牌传播等方面的知识，从而打造出具有品牌特色和较高认知度的IP形象。品牌建设理论在IP形象设计中主要运用在以下几个方面。

设计元素的选择和运用： 品牌的视觉形象应该是一个有机的系统，其中每一个元素都是相互关联、相互支持的。因此，在IP形象设计中，设计师需要根据品牌定位和目标用户的需求，选择和运用合适的设计元素，包括色彩、形状、图案、字体等，以构建一个有吸引力、易识别、富有感染力的IP形象。

设计风格的塑造： 品牌的视觉形象应该具有独特的设计风格，以区别于竞争对手和其他品牌。在IP形象设计中，设计师需要根据品牌定位和目标用户的需求，塑造个性化、特色化、一致性的设计风格，以增强品牌的辨识度和吸引力。

故事性表达： 故事性表达是品牌建设过程中重要的主题。在IP形象设计中，可以通过形象的故事性表达来建立与用户的情感联系。

设计的创新性和可持续性： 品牌的视觉形象需要不断地创新和发展，以适应市场的变化和用户的需求。在IP形象设计中，设计师需要具备创新思维和敏锐的洞察力，不断探索新的设计理念和方式，以提高IP形象的竞争力和市场价值。同时，设计师也需要考虑IP形象设计的可持续性，即在设计过程中应该考虑到环境、社会和经济的可持续发展，以长期获得经济效益和社会效益。

（4）角色设计

角色设计是创造和塑造角色的过程，包括角色的外观、特征、背景、性格、行为等多个方面。在动画、游戏、影视、漫画以及IP形象设计等众多领域中，角色设计至关重要，它能够让观众对角色有更深入的了解，产生共鸣并增加情感投入。角色设计的基本内容包括转面图设计、常用动作设计、常用表情设计等，需要考虑以下几方面。

角色的外观： 包括角色的服装、发型、身材等方面，需要根据角色的背景、性格、故事背景等因素进行设计。

角色的特征和性格： 角色需要有一个鲜明的个性，让观众能够对其有深入的了解和认知。

角色的行为： 这需要与角色的特征和背景相符，表现出其个性和价值观。

通过塑造鲜明的角色形象，可以增加IP形象的可塑性和可传达性，使得观众更容易对IP形象产生认知和喜爱。同时，IP形象的外观、性格和行为与推广内容、渠道相匹配，可以让IP形象所起到的宣传作用最大化。

（5）字体与版式设计

字体设计是指为表达文字信息而设计的字体样式和形态，包括字体的形状、大小、字重、间距等多个方面，目的是创造出具有美感和功能性的字体形式。版式是指文字、图片、色彩等各种元素在版面中的排列方式，版式设计的目的是让受众能够更快、更好地理解内容，并且能够增强视觉吸引力。具体运用如下。

组织结构： 设计需要有明确的组织结构，让受众能够快速地了解内容的层次和结构，更好地传达IP形象代表的品牌或者文化内涵。

布局设计： 不同的内容需要有不同的布局设计，需要根据IP形象，以及要展示的信息内容和特点来合理安排版面，让受众能够快速地抓住重点。

字体设计： 选择合适的字体可以增强IP形象的表现力，注意字体的可读性和可识别性，再根据不同的IP形象类型和设计风格选择合适的字体，以起到联想与强化的作用，从而增强品牌的辨识度。

颜色运用： 颜色在版式设计中起到了非常重要的作用，需要根据角色设计、故事剧情、情境需求来选择合适的字体颜色。

字体与版式的设计在IP形象的包装设计上可以有更多体现。

（6）包装设计

包装设计是指对产品的包装外观进行设计，以保护产品，便于搬运、运输、销售和使用。它不仅仅是一种保护产品的手段，更是一种营销工具和品牌形象传播的手段。在IP形象设计中，包装图案与标识是品牌形象的重要组成部分，要考虑到图案与标识的清晰度、可读性、辨识度等。考虑图案的同时，还要考虑包装材料的选择，如保鲜、防潮、防晒、成本和环保等因素。并且上文提到的字体与版式设计也是包装设计中直接影响效果的部分。

2.1.2 IP形象设计创作方法

根据第1章中阐述的IP形象设计常规创作流程（图2-1），我们继续进行IP形象设计创作方法的探讨。

图2-1　IP形象设计创作流程

在IP形象设计的最初阶段，首先要具有设计思维。设计思维可以是一种创意、战略、方法或看待世界的方式。它的存在远远超越了任何一个个人、组织或网站。在这个阶段，可以多进行头脑风暴，试着将所有有创意的设计都展示出来，然后进行筛选和评估，保留最有潜力的几个方案，再逐步优化细化。像设计师一样去思考问题和解决问题，不仅要不停地进行头脑风暴想出有创意的点子，还要花时间进行模型测试。面对复杂的问题和不确定的情况，设计师应具备乐观积极的心态、自信有张力的创新意识、允许试错和反复迭代的同理心、拥抱不确定性的勇气和不怕挫折与失败的毅力。最为重要是"以人为本"，始终把"人"放在每一个流程的核心位置。

头脑风暴作为一种生成性、开放性和创造性的思维方式，是一种构思技术，用于针对给定问题提出许多可能的、创新的解决方案。当开始着手设计一个新的IP形象时，头脑风暴可以用于创造新的角色形象，设想角色的性格、外貌、特征等，以及创设故事情节和配色方案等。在这个过程中，设计师们可以尝试不同的组合，讨论和改进各种想法，并逐步优化，以获得最终的设计方案。

全球著名设计公司IDEO分享了12种头脑风暴的构思方法：①混搭，将奇怪的或意想不到的事情放在一起以激发新的想法；②电子风暴，发送电子邮件以收集朋友或同事的想法；③"别人的鞋子"，进行角色扮演或从特定角色的角度绘制故事板；④创意墙，在公共场所张贴提示，并提供便利贴和记号笔，在几天后收集想法；⑤原型制作，尝试为一个想法快速制作模型，看看能学到什么；⑥类比访谈，与不同行业的人交谈，他们可能对待同一事物有不同的看法；⑦快速构思，将自己的时间限制在10或15分钟内，并专注于想出尽可能多的想法；⑧素描，代替文字，使用图画和图像来分享想法并激活大脑的不同部分；⑨观察，观察人们如何与产品或服务互动以获得新视角，并发现隐藏的挑战或机遇；⑩测量，想知道客户可能喜欢什么，先要对他们进行调查，搁置之前的假设，开展构思会议；⑪约束，尝试对头脑风暴提示设置不同的限制以推动自己的思考；⑫无声的头脑风暴，聚集一个小组并分享提示，但放弃讨论，而是让每个人都在便利贴上写下想法。

想有一个较佳的头脑风暴过程体验，还需要从进行背景调研开始。背景调研的目的是深入了解目标受众、市场趋势、竞争对手等，从而更好地进行品牌定位和设计创意的确定。调研目标受众的年龄、性别、兴趣爱好、价值观、消费习惯等方面的信息，以及他们在哪些渠道上获取信息，从而为设计创意提供更好的指导。分析行业发展趋势、市场现状、主流产品、消费者需求等方面的信息，从而为设计提供更好的方向。调研竞争对手的品牌定位、品牌形象、产品特点、市场份额等方面的信息，以及他们的营销策略和弱点，从而为设计提供更好的创意。

当IP形象创作进入设计阶段，首先要进行的是二维设计的部分，主要包括IP形象的角色设定，有的IP形象还有场景设定和道具设定的需求。在前期策划阶段信息整理和汇总的基础上，进入草图设计环节。这里首先需要确定角色的基础形象，尤其是转面图中的设计形象。转面图一般是三转面图和五转面图。三转面图包含了正面、侧面、背面三个方向的设计（图2-2），五转面图包含了正面、侧面、后面、45度前侧面、45度后侧面或正俯视等五个方向的设计（图2-3）。转面图可以帮助设计师更好地把握角色的立体感和形态，避免在绘制时出现形态不对称、比例失调等问题，使得角色在不同角度下的形态、姿势、比例等都能保持一致性。

图2-2　三转面图

图2-3　五转面图《通灵男孩诺曼》人物设定稿
（图源：《通灵男孩诺曼》）

IP角色形象的常用动作和常用表情，一般在设计动画、漫画时，或者是设计系列IP形象角色时，为了区别每个角色不同的性格、特征、状态等进行创作，是IP形象设计的补充内容。常用动作一般有走、坐、跑、跳、站等。常用表情有喜、怒、哀、乐、惊、悲、恐。

当确定二维平面设计形象的最终效果图之后，就可以进行三维制作部分，主要是利用三维软件进行建模和渲染。通过渲染，还可以对最终做出的IP形象实物模型的材质进行设计和效果预判断。具体的三维制作部分会在本书第3章详细说明。

IP形象设计推广是将设计出来的IP形象应用于实际的市场营销中，包括各种广告宣传、海报设计、包装设计、市场测试、数字化推广等，通过扩展IP形象的衍生品和增加品类来提升品牌价值和影响力。这部分内容会在本书第4章详细说明。

2.2 IP形象设计基础规范与创作实践

2.2.1 主要形象设计

对于IP形象设计中主要形象的设计，首先要判定用什么物种来做这个形象的载体。具体分两种情况，一种载体的选取可以是品牌中包含的物种或甲方指定的物种，并且要明确指定需要的形象是什么风格、什么特征的；另一种是没有明确表明需求和没有指定具体要求的时候，这就需要通过提炼业务特征，提炼关键词，找到物种与品牌、文化等之间的共性，建立绑定关系。

要注意所提炼的特征是个性化特征，而不是共性化特征。以动物形象举例，很多动物都可以用可爱来形容，所以不能简单地提炼"可爱"这个词作为形象特征，而要提炼如猫是高冷的、好奇的、可招财的，狗是忠诚的、陪伴的、可协助的，豹子是敏捷的、勇敢的、较高效的等诸如此类更具独特性的特征进行关联创作。再比如用颜色进行关联，像"支付宝"的代表色为蓝色，"小红书"的代表色为红色，"咸鱼"的代表色为黄色等。最后还需要和品牌故事、文化背景等内容相结合，进行主要形象的设计。

本小节会通过具体案例，从主要形象诞生的背景调研、头脑风暴、方案制定等角度进行设计分析与展示，帮助初学者直观理解创意的来源，了解如何提取关联细节，从而快速入门，掌握IP形象设计前期策划技巧。

实战案例：FWES系列主要形象设计（图2-4）

▶ 彩图 ◀

图2-4　FWES系列 / 设计：顾妍、何佳琳、刘千慧、王洁 / 指导老师：张煜鑫

　　FWES是Fight With Epidemic Situation的缩写，意思是与流行病作斗争。创意源于疫情防控时期的一群"逆行者"。当时疫情防控需求迫在眉睫，当群众茫然无措时，有这么一群人，因为信念，因为职责，因为担当，义无反顾地成为"逆行者"，用身体和生命捍卫着人民的安全。FWES系列IP形象设计，意在展现包括一线人员在内的，众多默默付出的人民英雄（图2-5）。在设计之初进行头脑风暴时，还提出了其他的主题方案。有的方案以"守护家园计划"为主题，设定具有各种技能的兵种形象，能够打击黑恶势力，弘扬正气，守护家园中人与自然的和谐关系（图2-6）。还有的方案以"黄梅戏"为主题，融合中国传统文化、非物质文化遗产、安徽地方文化黄梅戏的文化特色，致力于传承中国优秀文化，将角色分为正旦、花旦、老旦、正生、小生、小丑、老丑七类，根据戏曲里常见的角色划分，使其特征明显。

图2-5　FWES系列IP形象构思

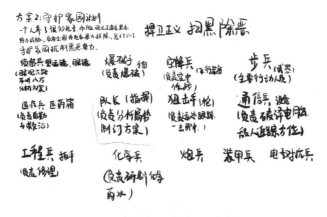

图2-6　守护家园计划IP形象构思

最后选择FWES系列的IP形象进行设计。下面具体介绍一下FWES系列里面的人物角色设定。选定的角色职务有警察、医生、工人、志愿者、设计师、记者、外卖员、护士、疫苗科研者。在党的领导下，他们奋勇向前，在各自岗位上谱写了一个又一个感人的事迹，彰显了"逆行者"精神。站在时代的角度看，"逆行者"精神是"逆行者"在公共突发事件中表现出来的英雄气概和强者风范，是中华民族百折不挠、自强不息民族精神的映照。这种精神凝聚了力量，增强了信心，传递了正能量，诠释了命运共同体理念，是爱国主义精神的集中体现，是中华民族大无畏精神的传承和发扬，是新时代践行社会主义核心价值观的生动教材，具有显著的时代价值和重要的现实意义。把潮流文化与"逆行者"相结合，在满足现代年轻人对潮流IP强烈需求的同时，赋予IP形象新的时代精神。歌颂"逆行者"精神，也是在歌颂国人所特有的民族精神，有助于IP形象文化的进一步发展，并能引领潮流文化良性发展。

FWES系列中的主要形象设计以"兔子"为基础造型。"兔"与十二地支中的"卯"对应。汉代王充《论衡》记载："卯，兔也。"《说文解字》记载："卯，冒也。二月，万物冒地而出。"在十二时辰中，"卯"时是指早晨5时至7时，因此，"卯"表示春意，代表黎明，充满着无限生机。"卯兔记岁"增加了兔文化的实用价值和吉祥内容，如作为战旗标志的丁卯兔神旗，意在战时保佑属兔战士平安，这也与本系列作品的创作背景相契合。在初版设想中，设计者对FWES系列IP形象增加了许多兔子的特征，例如兔子的耳朵、鼻子和牙齿。但是仍然有一些细节上的问题，比如赛博元素过少，体现不出科技感；身形过长，如果做出实际盲盒形象可能无法站立，有头重脚轻的风险（图2-7）。根据初版形象，设计者进行了细节调整，例如添加表情细节设计；对耳朵造型进行发光粒子形态处理；简化着装，减弱不必要的元素；将身型修改为1∶1造型，保证稳定性与协调性（图2-8）。

图2-7　初版IP造型设想　　　　　　图2-8　修改后的IP形象

FWES系列IP形象的共同特征是采用两头身，有统一的朋克发光机械兔耳朵，未来科技风耳机，朋克风发光眉毛，现代风服饰元素，以及面部、腿部的机械线条（图2-9），后期设计中会在眼睛部位加上与职业相关的图案或颜色。

图2-9　FWES系列IP主要形象最终版本

实战案例:"茶·拾"系列主要形象设计(图2-10)

图2-10 "茶·拾"系列 / 设计:齐冰寒、李雯雯、孙道欢、许菁菁 / 指导老师:张煜鑫

"茶·拾"系列IP形象是一套基于中国传统茶文化理念,以"中国十大名茶"为设计原型,以虚拟IP数字藏品的形式,将传统与潮流相结合打造的新式IP形象。茶,蕴藏着华夏民族数千年的文化,不但与历史同在,也是见证历史的代表之一。在不同的文明中,茶都演绎着不同的身份和角色。据不完全统计,中国的茶叶有上千种,市面上常见的茶叶就有一百多种。茶按种类分为六大品种,即绿茶、红茶、青茶、白茶、黑茶、黄茶。茶以及茶文化早已经渗入中国人的基因和血液。中国的好茶太多,"中国十大名茶"也有很多版本。一开始设计者只打算围绕铁观音这一款茶,设计出其茶叶的十种形态,但是只有一款茶,会让IP形象设计显得单调。因此又转而以"中国十大名茶"为原型进行IP形象设计,以此让更多年轻人了解茶文化和喜爱茶文化,进而可以传播中国传统文化。最终选定了2002年香港《文汇报》中的十款茶叶作为IP形象设计的十款类型,具体为安溪铁观音(乌龙茶)、武夷岩茶(乌龙茶)、西湖龙井(绿茶)、黄山毛峰(绿茶)、都匀毛尖(绿茶)、信阳毛尖(绿茶)、六安瓜片(绿茶)、洞庭碧螺春(绿茶)、君山银针(黄茶)、祁门红茶(红茶)这十款。

以安溪铁观音的主要形象设计为例,设计者对此款茶进行了详细的背景调研,具体分析如图2-11所示。

安溪铁观音(乌龙茶)——观音韵

产地: 福建省安溪县

形状: 叶形椭圆,叶缘齿疏而钝,叶面呈波浪状隆起,具明显肋骨形,略向背面反卷,叶肉肥厚,叶色浓绿光润,叶基部稍钝,叶尖端稍凹,向左稍歪,略朝下垂,嫩芽紫红色。

特征: 嫩芽紫红色,因此有"红芽歪尾桃"之称,这是纯种的特征之一;干茶沉重,色墨绿;茶汤香韵明显,极有层次和厚度。

图2-11 安溪铁观音背景调研

通过背景调研，对安溪铁观音的IP形象进行创意提取，茶叶明显的特征为紫红色、肥厚。根据设计者描述，一听"铁观音"这个名字，就莫名地想到观音像，以此为启发设定出坐在莲花里托举宝瓶的形象，宝瓶里的芽也正是铁观音（图2-12）。

图2-12　安溪铁观音IP形象创意提取

再以武夷岩茶的主要形象设计为例，设计者对此款茶进行了详细的背景调研，具体分析如图2-13所示。

武夷岩茶（乌龙茶）——岩骨花

产地： 闽北"秀甲东南"的武夷山一带。

形状： 外形呈弯条状，叶端扭曲，似蜻蜓头。

特征： 色泽乌褐，或带墨绿，或带沙绿，或带青褐，或带宝色。叶底软亮，呈绿叶红镶边，或叶缘红点泛现。

其他信息： 以大红袍享誉世界；具有绿茶之清香，红茶之甘醇，是中国乌龙茶中之极品；香气分花香、果香等，浓长幽远。

图2-13　武夷岩茶背景调研

通过背景调研，对武夷岩茶的IP形象进行创意提取，茶叶明显的特征为叶端扭曲，似蜻蜓头。茶叶颜色呈绿叶红镶边，因而提取出紫红色。武夷岩茶生长在悬崖的岩缝中，所以设定为一位坐在石头上身穿红袍的神秘少女（图2-14）。

图2-14　武夷岩茶IP形象创意提取

待所有茶的品种资料和设定都收集好之后，最让人头疼的是如何塑造出拥有各自特色但又有统一特征的系列形象。这个过程是要经过反复头脑风暴，反复推敲的。下面来看看设计者的迭代思路。

最初设想的是设计一位坐在茶杯里的少女作为初始模型，并运用精灵元素，所以采用了精灵耳和精灵翅膀，茶杯里茶汤颜色根据茶叶的不同而改变（图2-15）。但这一版本的形象没有人物特点，和市面上的其他IP形象的创意差别不大，不能使人一眼看出和茶叶有关，并且发型也没有特点，精灵耳因太小而看不清楚。

根据初代版本的IP形象，迅速迭代了第二代版本。发饰的提取灵感来源于茶叶，所以所有盲盒形象头顶都有根据其代表的茶叶品种的外形特

图2-15　初版设想

点设计的小芽。中国茶文化博大精深，茶的种类繁多，茶的形态自然也各不相同。为了更好地区分这10个"茶·拾"精灵，设计者为每个精灵都设计了相对应的茶叶嫩芽，这样在保证风格统一的基础上使每个精灵都有独特之处。道具的提取灵感来源于装茶叶的容器紫砂壶，将壶与魔法棒、精灵翅膀相结合。剪影的提取形态来源于Q版人物形象，从剪影上就能确定人物形象来源于哪种初始模型。面容的提取灵感来源于唐代仕女憨厚可爱的面容形象（图2-16）。第二代基础IP形象还采用了短发设计。人们常用长发飘飘来形容美好的女子，所以现在市面上许多IP女性形象都是长发设计，为了区别于市场上的造型，"茶·拾"IP形象造型选择干净利落的短发设计，增加了"茶·拾"精灵的辨识度。精灵耳在这个版本设计中被放大，翅膀的造型也从初代设计中保留下来，最终呈现的形象如图2-17。

图2-16　第二代IP形象灵感提取

图2-17　最终"茶·拾"IP主要形象基础版本

2.2.2 三转面图设计

之前有提到转面图在IP形象设计中的作用和意义。本小节通过具体案例，展示三转面图设计要素与设计方法，提供快速掌握绘制三转面图的技巧。

实战案例：FWES系列IP形象三转面图设计

首先以FWES成员"工程师"IP形象设计为例说明（图2-18）。象征智慧的工程师，要负责项目建设中的技术管理工作，包括主持设计、监理、施工单位进行设计图纸会审、技术交底、设计完善和优化等；负责审查施工组织计划，组织对重要工艺进行审查和验证；主持设计变更方案的论证；负责新技术、工艺和材料应用；组织实施技术攻关。在三转面图的设定中可以看出，该IP形象选用的主体颜色是绿色，绿色代表着和平、友善、机灵和敏捷。护目镜作为这个IP形象的特色道具之一，在不需要的时候会被放在头顶。腰带设计是一个卷尺造型，卷尺也是身为工程师常用到的道具之一。而胸口的齿轮徽章，体现了工程师角色承前启后的重要作用。功能背包可以实时查看当地的气压和温度，还附带指南针和维修工具，让工作进程更加顺利。为给出行提供方便，设计者还给工程师的IP形象增加了许多小口袋。

图2-18　FWES系列"工程师"三转面图和细节图

再以FWES成员"外卖员"IP形象设计为例说明（图2-19）。在城市中，我们总能看见他/她的身影，无论风吹日晒，外卖总会被及时送达。尤其是在非常时期，他们在很大限度上辅助控制了非必要接触，间接避免了流行病毒的大量传播，并为群众提供了方便，把温暖送进千家万户。该IP形象选用的主体颜色是橙黄色，象征着温情、澎湃和勤劳。其头上的闪电标志代表速度，头盔与徽章的佩戴寓意使命必达。外卖箱上有着和头上一样的闪电标志，体现了速度之快，并设计有发光按钮，一按即开，还配有手提拉杆功能。

图2-19　FWES系列"外卖员"三转面图和细节图

实战案例:"茶·拾"系列IP形象三转面图设计

这里以"茶·拾"系列中的君山银针形象设计为例说明。君山银针生长在湖南岳阳君山,芽头茁壮并且长短大小均匀,茶芽内面呈金黄色,外层白毫显露不仅完整,而且包裹坚实,茶芽外形很像一根根银针,所以人们雅称君山银针为"金镶玉"。如图2-20所示,IP形象手里拿的道具和头上顶着的茶叶均为君山银针的嫩芽,裙子上半部分设计为特殊的毛绒质感,符合君山银针茶原型"外层白毫显露完整且包裹严实"的特征,在后期的三维建模处理中,将其处理成凸起的毛绒质感球体;裙子的下半部分根据"茶芽内面呈金黄色"的茶叶颜色特征,设计为绿中透黄的颜色。"茶·拾"系列的每一款造型都配有底座,有的是茶杯,有的是莲花,有的是祥云,君山银针加入的是月亮造型,这是根据"金镶玉色尘心去,川迥洞庭好月来""白银盘里一青螺"等一系列与君山银针相关的诗句联想到的。

图2-20 "茶·拾"系列君山银针细节图和三转面图

再以"茶·拾"系列中的黄山毛峰形象设计为例说明(图2-21)。IP形象名字为"云舒姑娘",家乡在美丽的皖南山区,那里的山连绵起伏,山顶间云雾缭绕。头上的簪子造型取自黄山最出名的迎客松,体现了区域身份特征。而迎客松簪子旁边的嫩芽造型,来自"白毫披身,芽尖似锋"的毛峰原型。衣服的造型采用了茶叶造型裙摆和白色毛茸镶边的设计,这是从环境因素进行考量的,山上早晚温差比较大,需要保暖,也隐喻了黄山毛尖茶叶身上的白毫。腿部有藤蔓缠绕的装饰造型,设计灵感来源于黄山上藤蔓多、植物多的特点。而脚踩祥云的设计,来源于"山高不过云,云绕山中景"的诗意情境。

图2-21 "茶·拾"系列黄山毛峰细节图和三转面图

如果所设计的IP形象和以上两个一样是有关联的系列形象，则需要注意在主要形象的造型基础上，用细节进行区分，在赋予每个IP形象独特的魅力的同时，又让每个形象相辅相成，相互羁绊。剪影图形既传达出设计主题的信息，也使图形更加具有朦胧和含蓄的美。剪影型可以表达的信息除了设计上的形式感之外，还可以归纳IP形象设计的共同点与不同点。在"茶·拾"系列中，通过观察剪影形可以清楚地看到它们都是两头身比例，身材短小可爱，也都有精灵耳和翅膀的造型，这一点在分析主要形象的时候也分析过（图2-22）。不同点是，每个精灵的茶叶嫩芽形态都不相同，颜色不同，道具不同，姿势不同（图2-23）。通过FWES系列全家福，我们也可以观察到系列IP形象设计需要"共性"与"个性"并存（图2-24）。

图2-22 "茶·拾"系列剪影分析

图2-23 "茶·拾"系列全家福

图2-24 FWES系列全家福

第 3 章

IP 形象的三维制作

3.1 相关制作软件介绍

3.1.1 三维热门软件介绍

当下比较热门的三维软件有3ds Max、Maya、ZBrush、Cinema 4D、Blender、Nomad、KeyShot、SketchUp、Houdini、Substance Painter等。每个软件都有其擅长的领域模块，且每个软件之间不是孤立的，而是可以相互合作，利用自身优势模块配合其他软件进行创作的。使用软件的主要目的是辅助设计师制作出最佳的设计作品，并没有哪个软件比其他软件更好的说法。各个软件只是分别在其擅长的模块可能性能最佳，或者操作者更习惯操作某一款软件。本章会以书中建模部分中运用到的几款主要软件进行详细讲解，其他没涉及的软件会做简单介绍。

3.1.2 3ds Max软件介绍

（1）3ds Max软件发展史

Autodesk 3ds Max的历史可以追溯到1990年代初，当时它被称为3D Studio，是Discreet公司开发的（后被Autodesk公司合并）基于PC系统的三维动画渲染和制作软件。最初，3D Studio主要用于DOS操作系统，用于创建简单的3D动画和静态渲染图像。随着计算机硬件和图形技术的发展，3D Studio不断更新和改进，并于1996年发布了3D Studio MAX 1.0版本，成为Windows操作系统下的一款流行的3D建模、动画和渲染软件。在1999年，3D Studio MAX 3.0版本发布，这个版本开始支持插件和脚本，使得用户可以自定义和扩展软件的功能和工具。此外，这个版本还加入了NURBS建模工具，提高了建模的灵活性和精度。在接下来的几年中，该软件持续改进并发布了多个版本，不断完善建模、动画和渲染等方面的工具和技术。2008年，它被更名为Autodesk 3ds Max，以反映它已成为Autodesk公司旗下的一个重要品牌。现在的3ds Max已经成为一款功能强大的三维建模、动画和渲染软件，被广泛用于电影、电视、游戏、建筑可视化等领域，成为了全球范围内的一款重要的三维设计软件。

（2）3ds Max软件简介

3ds Max可以创建各种复杂的三维模型，包括角色、道具、场景等。它提供了丰富的建模工具和技术，如多边形建模、NURBS建模、光滑模型等。用户可以使用这些工具和技术来创建各种形状、表面细节、曲线等。此外，3ds Max还支持从其他3D软件导入模型，并且可以进行进一步编辑和优化。

3ds Max也是一个强大的动画工具。它提供了多种动画工具和技术，如关键帧动画、路径动画、布料模拟、粒子系统等。这些工具可以帮助用户创建复杂的动画效果，如角色动画、特效动画等。此外，3ds Max还可以与其他动画软件进行集成，以便更好地进行动画制作。

除了建模和动画，3ds Max还是一个强大的渲染工具。它提供了多种渲染器选项，如Scanline渲染器、Arnold渲染器等。这些渲染器可以提供高质量的渲染效果，包括真实的光线追踪和体积光。此外，3ds Max还可以进行批量渲染和网络渲染，以提高渲染效率。图3-1所示为3ds Max制作的效果图。

图3-1　用3ds Max制作的效果图（图源：3ds Max官网）

3.1.3　ZBrush软件介绍

（1）ZBrush软件发展史

ZBrush是一款由美国Pixologic公司开发的数字雕刻和绘画软件。它的历史可以追溯到1999年，当时它被称为Ofer's Brush，是由以色列艺术家Ofer Alon开发的。他创建了一个可以在计算机上进行数字绘画和雕刻的工具，并在互联网上发布了免费的软件。随着Ofer Alon的离开，Ofer's Brush软件的开发工作转移到了一个新的团队手中，他们成立了Pixologic公司，并在2002年发布了第一版的ZBrush。这个版本虽然功能有限，但是已经包括了许多ZBrush最著名的特色，例如多边形雕刻和多细节级别。随着时间的推移，ZBrush在数码雕刻和数字绘画领域不断发展，推出了一系列的更新版本。其中，2007年发布的ZBrush 3是一个重要的版本，其中增加了多种新功能，例如强大的细节投影、快速多边形重构、多边形建模等。这些功能使ZBrush成为了业内领先的数字雕刻软件之一。在之后的版本中，ZBrush不断完善和优化，新增了更多的功能和工具，例如 ZSpheres、Dynamesh、NanoMesh等，使得用户可以更加灵活和高效地进行数字雕刻和绘画。现在的ZBrush已成为数字雕刻和绘画领域的标杆之一，被广泛用于电影、游戏、动画、数字艺术和设计等领域。它的创新和独特的设计理念，例如多边形雕刻和多细节级别，对数字艺术和设计领域产生了深远的影响。

（2）ZBrush软件简介

ZBrush的最大特色是它的多边形雕刻技术，使用户可以像雕刻一块真实的材料一样进行数字雕刻。它还具有非常出色的细节控制和精度，可以对任何复杂的形状进行雕刻，从而创建非常真实的表面细节（图3-2）。

图3-2　用ZBrush制作的效果图（图源：ZBrush官网）

ZBrush提供了一个直观的用户界面，包括多种工具、面板和菜单，使用户可以轻松地创建和编辑数字模型。其主要功能如下：

数字雕刻和绘画： ZBrush提供了一系列的工具和技术，可以让用户进行数字雕刻和绘画，包括多边形雕刻、描边绘画、Sculptris Pro等，以便更加灵活地进行创作。

材料和纹理： ZBrush具有出色的材料和纹理工具，可以让用户为模型添加颜色、纹理和材质等特征，从而使模型更加真实。

多细节级别： ZBrush的多细节级别功能可以让用户对不同细节层次进行操作，可以让用户在不影响模型整体形态的情况下对模型进行雕刻和修改。

插件和脚本： ZBrush提供了许多插件和脚本，可以扩展和定制软件的功能和工具，满足不同用户的需求。

实时渲染和导出： ZBrush可以实时渲染模型，并支持导出到其他3D建模和渲染软件，如Maya、3ds Max、Cinema 4D等。

3.1.4　Cinema 4D软件介绍

（1）Cinema 4D软件发展史

Cinema 4D是一款由是德国Maxon Computer研发的3D建模、动画和渲染软件，它的发展始于1990年代初期。Cinema 4D最初是为Amiga平台开发的，用以满足数字艺术家和设计师的需求。当时，Amiga是一款相对便宜但功能强大的计算机，吸引了许多数字艺术家和设计师。在1993年，Cinema 4D的第一个版本面世，它提供了基本的3D建模和渲染功能，并成为Amiga平台上的一款流行的软件。随着计算机技术的不断发展和用户需求的增加，Cinema 4D逐渐转向Windows和macOS平台，以更好地满足用户的需求。2000年代初期，Cinema 4D迎来了重大的升级和改进，它加入了新的功能和技术，如逐帧动画、运动图形、粒子模拟、动态模拟和全局光照等，使得它更具有吸引力和竞争力。2009年，Cinema 4D推出了R11.5版本，其中包括了一些新的工具和功能，如Sculpting和Camera Crane等，这使得Cinema 4D更加适用于建模和动画制作。2012年，Cinema 4D R14版本推出，它加入了新的物理引擎和反射模式等功能，为用户带来更加真实的物理效果和渲染效果。2015年，Cinema 4D R17版本推出，它加入了全新的Take System，这是一个管理和制作不同版本和场景的工具，使得用户可以更加轻松地处理复杂的场景和制作流程。2018年，Cinema 4D R20版本推出，它加入了新的节点材质和体积建模等功能，使得用户可以更加方便地制作复杂的材质和场景。近年来，Cinema 4D还与其他软件和技术进行了集成和合作，例如与Adobe Creative Suite、Arnold渲染引擎和Unity引擎等进行了集成，以满足数字艺术家和设计师的多样化需求。

（2）Cinema 4D软件简介

Cinema 4D拥有强大的建模、动画和渲染功能，支持多种建模技术，如多边形建模、NURBS建模、体积建模等，同时支持多种动画制作技术，如关键帧动画、逐帧动画、运动图形、粒子模拟、动态模拟等。它还支持多种渲染器，如物理渲染器、标准渲染器、Octane渲染器等，可以实现非常逼真的渲染效果。如图3-3。

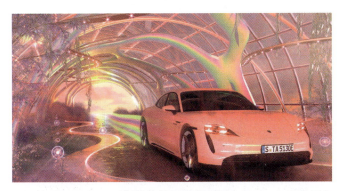

图3-3　用Cinema 4D制作的效果图（图源：Cinema 4D官网）

Cinema 4D的界面设计简单直观，操作也比较容易上手，同时还提供了丰富的教程和在线资源，方便用户学习和使用。它还提供了完整的工作流程，包括模型创建、材质贴图、动画制作、渲染输出等，这使得用户可以在一个软件中完成所有的任务，而不需要切换到其他软件。

Cinema 4D的使用范围非常广泛，包括影视、游戏、广告等数字艺术领域，如《阿凡达》《变形金刚》《哈利·波特》《泰坦尼克号》等电影中都有Cinema 4D的身影。同时，Cinema 4D也是数字艺术家和设计师必备的工具之一。

3.1.5　Nomad软件介绍

（1）Nomad软件发展史

Nomad是由一家名为Stephane Ginier的法国独立软件开发者开发的数字雕刻工具。Ginier一直致力于开发数字雕刻工具，他曾在Pixologic公司负责开发ZBrush和Sculptris软件。在2017年，他开始开发Nomad，并于2018年在iOS平台上发布了首个测试版。Nomad

在发布后受到了广泛的关注和好评,为移动设备用户提供了一个功能强大的数字雕刻工具。在2019年,Ginier将Nomad移植到了Android平台,使更多的用户能够使用这个软件。

(2) Nomad软件简介

Nomad是一款基于移动设备的数字雕刻应用程序,主要用于在iPad、iPhone和Android设备上进行数字雕刻和建模。它提供了一系列的工具和功能,可以让用户在移动设备上创建3D模型和雕塑,并支持多种格式的导入和导出,如OBJ、STL、PLY等。

Nomad的用户界面简单直观,易于上手,支持手势操作和多点触控。其采用的基于体积的雕刻技术,使用户可以通过在虚拟空间中"拉"、"推"和"挤压"物体来创造复杂的形状。该软件还支持多种建模工具,例如镜像、放大、缩小、旋转、复制和翻转等对模型进行调整和编辑。它还支持实时渲染,可以通过不同的材质和光照设置来预览模型的效果。

Nomad在数字雕刻方面具有一定的特色,例如可以通过雕刻工具对模型进行精细的细节处理,它支持自由变形、平滑和削减等功能,让用户可以轻松地创作出复杂的3D模型和雕塑作品(图3-4)。此外,Nomad还提供了多种笔刷和材质库,可以帮助用户快速完成设计和创作。

图3-4 用Nomad制作的效果图(图源:Nomad Sculpt官网)

3.1.6 KeyShot软件介绍

(1) KeyShot软件发展史

KeyShot软件由美国公司Luxion开发和发布。该公司成立于2001年,最初是为3D渲染提供插件和解决方案的一家小公司。在为客户提供渲染解决方案的过程中,公司发现许多客户需要一个更简单、更快速的解决方案,于是开始开发KeyShot软件。

第一个版本的KeyShot软件于2009年发布,该版本主要提供了渲染和动画功能。随着时间的推移，KeyShot不断推出新版本，添加和改进了更多的功能。例如，2013年发布的KeyShot 4版本增加了粒子和运动模糊效果，2016年发布的KeyShot 6版添加了VR渲染功能，2019年发布的KeyShot 9版本则增加了GPU渲染和RealCloth材质等新功能。

随着KeyShot的不断发展，该软件已成为许多行业的标准渲染软件之一，涉及汽车、航空航天、医疗设备和工业设计等领域。同时，Luxion公司也在不断发展和改进该软件，为用户提供更加出色的渲染体验。

（2）KeyShot软件简介

KeyShot是第一个实时光线追踪应用程序，旨在快速提供易于使用、质量高的3D渲染解决方案。它适用于多个行业，如工业设计、室内设计、珠宝设计等。KeyShot有一个简单易用的界面，用户可以通过直观的拖放操作来创建场景和材质，并实时查看渲染效果。KeyShot支持几乎所有主流的3D建模软件，例如SolidWorks、Creo、Rhino、SketchUp、Maya等，并且可以直接导入用这些软件创建的模型。

使用KeyShot，用户可以实时查看渲染效果，快速调整场景、材质和照明，大大缩短渲染时间和修改时间。该软件提供了各种预设的材质，包括金属、塑料、玻璃、涂料等，用户还可以自定义材质，并使用KeyShot的材质编辑器进行调整。软件支持输出高质量的照片级渲染结果（图3-5），用户可以选择不同的输出格式和分辨率，以满足不同需求。软件还支持制作简单的动画，例如旋转、移动、渐变等，方便用户展示产品设计和功能。并支持VR渲染，用户可以使用VR眼镜查看渲染结果，感受更加真实的场景和材质效果。

图3-5　用KeyShot制作的效果图（图源：KeyShot官网）

3.1.7 其他软件介绍

（1）Autodesk Maya软件介绍

Maya是由美国Alias公司在1998年推出的一款三维计算机图形软件，旨在为电影、电视和游戏等行业提供高品质的建模、动画和渲染工具。早在1993年，Alias公司就推出了一款基于SGI工作站的三维建模软件PowerAnimator，这成为当时电影和电视特效制作的主要工具之一。1995年，Alias公司开始开发三维建模软件Maya，这款软件最初被称为Alias｜Wavefront Maya，并于1998年2月发布Maya 1.0版本，广泛应用于电影、电视、游戏等行业。2003年，Autodesk公司收购了Alias公司，并将Maya纳入了自己的产品线中。随着时间的推移，Maya逐渐成为三维计算机图形领域的领导者之一，它的功能和性能也不断得到改进和升级。目前，Maya已经成为了电影、电视和游戏等行业的标准工具之一。

Maya具有多种建模工具，例如多边形建模、曲面建模和雕刻等，可以满足用户在不同领域的需求。在动画方面，Maya支持关键帧动画、路径动画、物理模拟和粒子模拟等多种动画效果，可以帮助用户创建真实、流畅的动画场景。

Maya还提供了强大的渲染引擎，支持Arnold和Maya Software两种渲染引擎，可以实现高品质的渲染效果（图3-6）。此外，Maya还拥有一个灵活的节点编辑器，用户可以使用节点来创建复杂的材质、光照和纹理效果。

图3-6 用Maya制作的效果图（图源：Maya官网）

Maya还支持MEL和Python编程语言，用户可以使用这些编程语言来自定义和扩展Maya的功能，更好地适应不同领域的需求。同时，Maya拥有庞大的社区和资源库，用户可以在社区中获取各种教程、资源和技巧，来快速提高自己的技能和水平。

《蜘蛛侠》系列、《哈利·波特》系列、《指环王》系列、《黑客帝国》、《X战警》、《指环王》、《星球大战前传》系列、《木乃伊》、《魔比斯环》、《冰河世纪》、《角斗士》、《完美风暴》、《寂静岭》、《恐龙猎人》、《战争机器》等很多大片中的电脑特技镜头都是用Maya完成的。

（2）Blender软件介绍

Blender软件的历史可以追溯到1995年，当时它是由荷兰动画工作者Ton Roosendaal创建的一个尝试用Python编写的Raytracer程序。Blender最初的目标是为荷兰新媒体公司NeoGeo创建一款动画软件。1998年，Blender作为商业软件发布，但由于销售不佳，NeoGeo在2002年被关闭了。然而，Ton Roosendaal并没有放弃Blender，他创建了Blender基金会，将Blender改为开源免费的软件，意味着任何人都可以使用和修改Blender。Blender在2002年开始免费，并逐渐发展成为一款功能强大的三维建模、动画和渲染软件。在这个阶段，Blender的用户群体开始扩大，用户们创建了许多开源项目和插件来增强Blender的功能。2009—2015年，Blender经历了一系列重大更新和改进，包括新的UI设计、更好的动画工具、增强的渲染功能等。Blender还被广泛用于许多商业项目，包括电影、电视剧和游戏。2015年至今，Blender的发展进入了一个新的阶段，主要体现在增强渲染和动画工具、用户界面和用户体验改进等方面。Blender也开始被越来越多的人所认识和使用，拥有了庞大的用户社区和活跃的开发者社区。

Blender是一款功能强大的开源三维建模、动画和渲染软件。它提供了一套丰富的工具和功能，包括材质和纹理编辑、动画和渲染、粒子模拟、雕刻工具、非线性视频编辑、物理模拟等。Blender还支持Python脚本，用户可以使用脚本来定制和扩展Blender的功能。其功能覆盖广泛，可以应用于电影、电视剧、游戏、动画等各个领域。如图3-7。

Blender的用户界面经过了多次改进，现在已经变得更加现代化和直观化，使得新手也可以轻松上手。Blender的开源模式使得用户可以自由地使用和修改Blender，其拥有强大的相机功能，可以实时预览跟踪的镜头和3D场景，还可以声音同步，自定义骨骼形状，也可以从庞大的社区中获取帮助和资源。

图3-7　用Blender制作的效果图（图源：Blender官网）

（3）SketchUp软件介绍

SketchUp是一款由Trimble Navigation公司开发的三维建模软件，它的主要特点是易学易用。用户可以通过简单的绘图工具和操作，快速地创建三维模型。SketchUp最初是由@Last Software在2000年推出的，当时它的主要目标用户是建筑师和室内设计师，用于快速绘制建筑设计草图。2006年，Google收购了@Last Software，并将SketchUp整合到了Google的产品线中。随着时间的推移，SketchUp的功能和应用范围也得到了不断扩展。2012年，Trimble Navigation收购了SketchUp，成为了SketchUp的新所有者，并开始将其应用于建筑、土木工程、室内设计、景观设计、机械设计等多个领域。

SketchUp主要有两个版本，一个是SketchUp Free（前身是SketchUp Make），它是免费版本，可以直接在网页中使用；另一个是SketchUp Pro，是收费版本，提供了更多的功能和工具，包括3D导出、高级布局和布线等工具。

SketchUp的特点是简单易用，它提供了直观的绘图工具、可视化编辑工具和智能贴图工具，可以帮助用户快速地创建3D模型（图3-8）。此外，SketchUp还拥有一个强大的社区，用户可以在社区中找到丰富的教程、资源和插件，进一步提升使用体验和建模效率。

图3-8 用SketchUp创建的3D模型（图源：SketchUp官网）

（4）Houdini软件介绍

Houdini是由加拿大公司SideFX开发的一款高级三维计算机图形软件，主要用于影视制作、游戏开发、建筑和工业设计等领域。与其他3D软件不同，Houdini是一款基于节点的程序化软件，这意味着用户可以通过创建节点图来实现复杂的3D效果。

Houdini的发展历程可以追溯到20世纪90年代，当时SideFX公司主要从事电视广告制作和视觉特效的制作，需要一款能够满足其制作需求的3D软件，于是开始开发Houdini。在其发展的早期阶段，Houdini主要面向电视和电影视觉特效制作，因其基于节点图、程序化设计和灵活性高等特点，得到了许多特效公司和制作公司的青睐。随着Houdini的发展和壮大，SideFX公司逐渐将其应用范围拓展到游戏开发、建筑和工业设计等领域，并在2012年推出了Houdini FX版本，支持更多的特效功能和渲染功能。此外，Houdini还拥有自己的渲染引擎Mantra，可以为用户提供高质量的渲染效果（图3-9）。

图3-9 Houdini渲染效果图（图源：Houdini官网）

Houdini具有强大的模拟和动画功能，包括粒子动画、流体模拟、布料模拟、毛发模拟、烟雾模拟等，还支持Python和C++编程，使得用户可以进行更加灵活和高效的自定义开发和脚本编写。Houdini提供的全面的渲染功能，包括光线追踪、体积光、辐射度量学、多光源、深度合成、多通道渲染等，能够满足复杂制作需求。

Houdini的学习曲线相对较陡峭，因其基于节点图和程序化的设计，需要用户掌握一定的编程和计算机图形学知识。但是，一旦熟悉了Houdini的工作流程，这个非常强大和灵活的3D软件将为用户实现复杂的3D效果提供很大的帮助和便利。

（5）Substance Painter软件介绍

Substance Painter是一款由Allegorithmic公司于2014年推出的材质纹理绘制软件，其主要特点是能够通过PBR（Physically-Based Rendering）材质渲染技术快速创建高质量的材质贴图，支持包括金属、皮革、布料、石材等在内的多种材质类型，并且可以实时预览渲染效果。在2017年推出的Substance Painter 2中，加入了新的智能笔刷、粒子笔刷、烟雾笔刷等，使得用户可以更加方便快捷地创建高质量的材质贴图。2018年，Adobe公司收购了Allegorithmic公司，使得Substance Painter成为Adobe旗下的一款软件。在Adobe的支持下，Substance Painter的发展进一步加速，加入了更多的智能笔刷、模型库等功能，并且在整个Adobe生态系统中得到了更加广泛的应用。

Substance Painter拥有直观的用户界面和易于使用的工具，使得用户可以快速创建高品质的材质贴图。其内置的智能笔刷可以自动适应模型表面的拓扑结构，并可以在纹理绘制过程中自动修复UV错位等问题。此外，Substance Painter还支持多种输出格式，包括Albedo、Roughness、Normal、AO等贴图，方便用户在不同的3D软件中使用。Substance Painter的应用范围非常广泛，如影视特效、游戏开发、建筑和工业设计等领域。如图3-10。

图3-10　用Substance Painter制作的效果图
（图源：Substance Painter官网）

3.1.8　几款软件之间的比较

Maya和3ds Max：这两款软件目前都归属于Autodesk公司，并且在功能和特性方面非常相似。Maya是用于电影、电视和游戏的专业3D动画和视觉效果软件；3ds Max是用于游戏和设计可视化的专业3D建模、动画和渲染软件。使用Maya的优势在于用强大的建模、塑形、修饰、绑定和动画工具集创建复杂的角色和令人眼花缭乱的效果；使用3ds Max的优势在于可以使用灵活的建模、纹理、着色、照明和渲染工具集构建广阔的世界和精细的道具。以游戏开发为例，Maya和3ds Max都可以为游戏开发过程的每一步提供经过广泛验证的成熟的3D工具。Maya强大的动画工具集和无与伦比的绑定功能使艺术家能够为3D角色注入生命，3ds Max中强大的建模工具和基于物理的渲染使游戏制作者能够创建广阔而详细的世界供玩家探索。

Blender和Cinema 4D：这两款软件都是功能强大的3D软件，但Blender是免费的开源软件，而Cinema 4D则是商业软件。在功能方面的区别是，Blender以其强大而广泛的功能集闻名，包括3D建模、动画、雕刻和渲染，它还有一个活跃的开发者社区，开发者们不断地为软件添加新功能，但学习曲线可能比较陡峭；Cinema 4D则具有简单直观的用户界面，更容易上手，但相对缺乏一些高级功能，其更专注于运动图形和动画。在行业用途方面，Blender广泛应用于电影和动画行业，而Cinema 4D在动画和广告行业更受欢迎。

Nomad和ZBrush：首先应用平台不一样，Nomad主要针对的是移动端，而ZBrush主要针对的是PC端。ZBrush的功能更加全面，可以进行高级的雕刻、细节处理、材质贴图、渲染等操作，适用于各种不同类型的3D建模任务；Nomad则注重简便易用，它的重点在雕刻和涂鸦方面，主要适用于手绘风格的3D建模，Nomad目前只支持导出.obj格式的文件；ZBrush可以与其他软件进行较好地兼容，支持导入和导出多种不同格式的3D模型文件。

ZBrush和Substance Painter：ZBrush是一个数字雕刻软件，主要用于创建高分辨率的3D模型、角色设计和纹理；Substance Painter是一个纹理软件，用于创建和绘制3D纹理和材料。ZBrush的工作流程是基于数字雕刻技术的，允许用户创建有机的形状和复杂的细节；Substance Painter有一个更程序化的工作流程，使艺术家更容易快速迭代和调整纹理。ZBrush通常用于创建高分辨率的3D模型，可用于各种应用程序，如电影、电视和游戏；Substance Painter可以应用在其他软件应用程序（如Maya）中创建的3D模型。

Houdini和Cinema 4D：这两款软件都具有广泛的功能，可用于建模、动画制作、特效和渲染。Houdini以其程序化工作流程而闻名，允许艺术家创建可以轻松修改和调整的复杂系统和效果；Cinema 4D具有更传统的工作流程，包括时间轴和关键帧动画。Houdini广泛用于模拟工作，包括流体、布料和粒子模拟，它还具有一套强大的工具，用于创建破坏和变形效果；Cinema 4D也有模拟工具，但更侧重于运动图形和动画。Houdini广泛用于电影和电视行业，用于创建复杂的视觉效果和模拟特效。Cinema 4D在动态图形和广告领域更受欢迎。此外Houdini是一款商业软件，这意味着它需要许可证才能被使用；Cinema 4D也有商业版本，但它还有一个更实惠的基于订阅的选项，即Cinema 4D Lite。

3.2 使用3ds Max制作IP形象

3.2.1 3ds Max软件工具简介

本书中的3ds Max软件版本为3ds Max 2020（图3-11）。

图3-11　3ds Max软件图标

打开3ds Max软件后会跳出一个欢迎窗口（图3-12），是一个简单的指导界面，想要以后不再显示此窗口，可以把左下方"在启动时显示此欢迎屏幕"选项取消勾选。

图3-13就是3ds Max的默认主界面。从窗口上来看，主要分为标题栏、菜单栏、工具栏、命令面板、窗口区（视图区）、建模工具区、控制工具区、时间轴和视图控制区等几个大的模块。下面具体介绍窗口中几个部分的功能。

图3-12　欢迎窗口

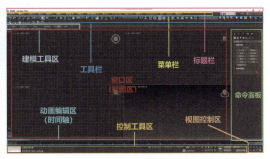

图3-13　3ds Max主界面

标题栏： 3ds Max的标题栏位于软件界面的最上方，从中我们可以清楚地看到所打开的文件名以及最小化、最大化、关闭三个按键。

菜单栏： 菜单栏提供了3ds Max的所有功能和命令，包括"文件操作""编辑""创建""渲染"等。通过点击菜单栏上的选项可以访问相应的子菜单并执行相关操作。在菜单栏中，有文件（F）、编辑（E）、工具（T）、组（G）、视图（V）、创建（C）、修改器（M）、动画（A）、图形编辑器（D）、渲染（R）、Civil View、自定义（U）、脚本（S）、Interactive、内容、Arnold、帮助（H）等窗口。

工具栏： 工具栏包含了一些常用的工具和命令按钮，例如"选择工具""平移工具""旋转工具""缩放工具"等。用户可以通过单击相应的按钮来激活工具和执行命令。例如"选择并链接"、"移动"、"旋转"、"捕捉开关"等。

命令面板： 该面板包含用于创建和修改对象的各种工具和选项，由六个用户界面面板组成，分别为："创建"面板、"修改"面板、"层次"面板、"运动"面板、"显示"面板、"实用程序"面板。使用这些面板可以访问3ds Max的大多数建模功能，以及动画功能、渲染设置功能、视图选择功能和其他命令工具功能等。

窗口区（视图区）： 3ds Max界面中最大的区域就是窗口区，这是显示3D模型和场景的主窗口，也有的称为视图区。用户可以在场景中选择和操作对象，并应用材质和纹理。默认情况下，窗口区包括四个视图方式，分别是顶视图（快捷键T）、前视图（快捷键F）、左视图（快捷键L）、透视图（快捷键P）。此外，在窗口区的左下角可以激活视口布局选择面板（图3-14）。3ds Max默认采用2×2的视口布局。使用"视口配置"对话框的"布局"面板，可以从不同的布局中进行拾取，并在每个布局中自定义视口。

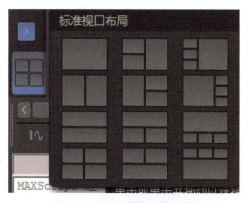

图3-14 视口布局选择面板

建模工具区： 3ds Max的建模工具区位于软件界面的左侧，包含了一系列用于创建3D模型的工具和命令。主要部分包括"建模"、"自由形式"、"选择"、"对象绘制"和"填充"。通过建模工具区的各种工具和命令，用户可以创建复杂的3D模型，进行细节的编辑和调整，并对模型进行修改和变形。

控制工具区： "时间设置""帧数控制"，用户可以在这里控制动画的播放，设置关键帧和调整帧数等；"运动工具栏"，包括一些用于对物体和相机进行"移动""旋转""缩放"的工具，用户可以通过这些工具来改变3D场景中物体的位置和方向；"动画曲线编辑器"，用于对动画曲线进行调整和编辑，还可以用来创建复杂的动画效果。

时间轴： 显示了动画中的帧数和当前帧的位置，用户可以通过点击时间轴上的帧数来设置关键帧和调整动画。"时间滑块"和"轨迹栏"均可处于浮动和停靠状态。

视图控制区： 用于切换不同的视图模式，例如顶视图、前视图、左视图、透视图及四个视图同时显示。

3.2.2 案例实战："茶·拾"系列IP形象制作

角色建模

下面以"茶·拾"系列的IP主要形象造型（图3-15）为例，介绍3ds Max软件的三维模型搭建具体流程。

（1）头部建模

打开3ds Max软件，执行"文件"-"新建"-"新建项目"操作，并保存项目到自定义的路径位置。如图3-16。

图3-15 "茶·拾"系列的IP主要形象造型／设计：齐冰寒、李雯雯、孙道欢、许菁菁／指导老师：张煜鑫

图3-16 新建文档

单击窗口右上角选择正视图，按快捷键"Alt + W"调出四个视窗，选择想点击的窗口再按一次会单独显示。在"标准基本体"中选择"平面"，并调整参数与设计稿大小一致。选择文件夹中的设计稿图片，点击鼠标左键，将图片拖拽到新建的平面上（图3-17），把设计稿作为贴图快速导入。这样做可以方便建模时在软件内直接观察到设计图，控制模型比例，把握模型细节。

图3-17 拖拽设计稿到平面

新建长方体，在场景资源管理器中选择"Box"，并命名为"头部"。在"修改器列表"中，下拉小三角找到"涡轮平滑"并选中。右击选择 "转为可编辑多边形"，就可以调整点线面了。如图3-18。

41

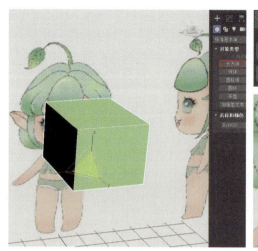

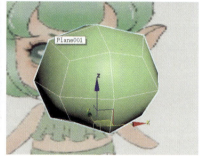

图3-18 创建头部基础几何体

按住"Alt + W键"调出多窗口后点击右视图,在"点"模式(快捷键:数字1)和"线"模式(快捷键:数字2)下,调整出人物头部的大概形状。如果想让模型以线框模式展示,可以点击窗口左上角 调出来,双击全选中线,点击鼠标右键选择"切角",切出合适的距离。如图3-19。

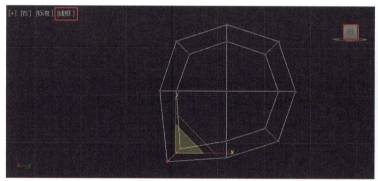

图3-19 线框模式与"切角"

选择头下部后方的两个面(按"Ctrl键"加选面数),用鼠标右键点击模型的面,选择"挤出"命令,在"面"模式下(快捷键:数字4)选择头部的一半,按键盘上"Delete键",删除一半的头部模型。点选工具栏的"镜像",选择"实例",再选择模型侧边的面,调整脖子形状,给头部加横线调出三庭五眼的大概位置。如图3-20。

给头部添加线条,以鼻子造型为规划基础,添加竖向线条,调点后做出鼻子部位。选中鼻子的面,用"挤出"命令调整出鼻子的形状。选择图3-21中的红点,点击"切割" 连线至头部后面,使切割的线条环绕成闭合线圈,点击鼠标右键结束切割,不断调整点和线使头部的形状更加丰满。

IP 形象的三维制作 | 第 3 章

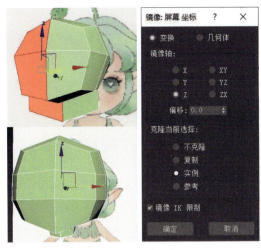

图3-20　调整头部

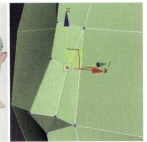

图3-21　调整鼻子结构

　　选择头部侧方的两个面，挤出需要的耳朵大小后调整大概形状。双击下巴的线条，右击鼠标选择"切角"。根据自己想要的模型加线调整好头部，可在四个窗口的界面根据需要调整的角度选择不同窗口，如图3-22所示。在正侧视图下选择"线框模式"更方便观察。

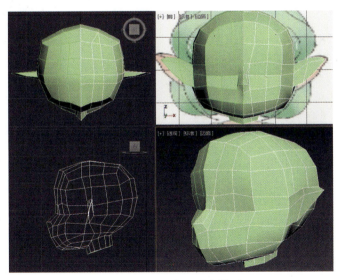

图3-22　不同窗口观察模型

　　选择头部的面来做头发。按住"Shift键"的同时放大所选择的面，在弹窗弹出的时候选择"克隆到对象"，并给对象命名，选择"镜像" ，点击实例，在线模式下，选中一条线按住"Shift键"向下拉，拉出头发的长度。当拉出的面在视图中是倾斜面对，想要进行缩放调整，需要点击工具栏的"视图" 视图 ▼ ，选择"局部对齐"，这样缩放工具会与所选择的线平行（图3-23），方便调整。整体操作如图3-24所示。

43

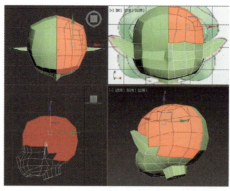

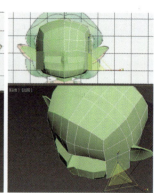

图3-23　头发长度缩放调整　　　　　图3-24　调整头发过程

为头发加上厚度后调整发型细节，如图3-25所示。点击"M键"调出材质编辑器，选择"精简材质编辑器"，再选择一个材质球，并用鼠标拖动材质球到所选择对象。

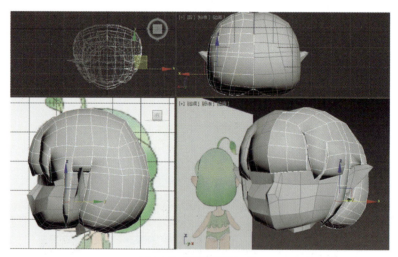

图3-25　调整头发细节

细化五官的部分，是为了不影响操作。可以在工具栏中，选择工具下拉列表中的"场景资源管理器"，将头发模型部分隐藏。继续加线调整五官，选择眼睛的中心点后，再选择"切角"，以眼轮匝肌的走向进行放射性加线后调整出眼眶形状，根据需求调整出眼睛大小、深浅及形状（图3-26）。在"标准基本体"中选择"球体"选项，将球体模型进行缩放调整后放入模型眼睛位置，作为"眼球"。眉毛模型的创建步骤同上。IP形象模型头顶的茶叶芽根部分是使用圆柱体不断挤出得来的，叶片使用的是用Procreate软件捏造的形状。至此，设计稿头部建模基本完成。如图3-27。

IP 形象的三维制作 | 第 3 章

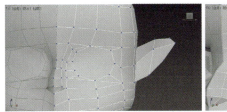

图3-26　调整眼眶形状

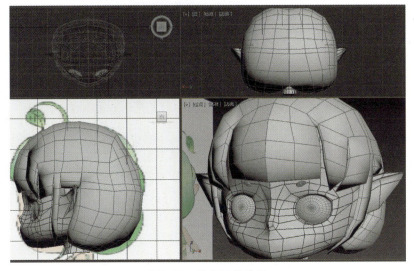

图3-27　头部最终效果

（2）身体建模

身体的建模从脖子开始。选择"标准基本体"中的"长方体"选项，缩放变形后将顶面和一个侧面删除，选择镜像中的"实例"给出另一边的脖子。点击底面选择"挤出"，点击挤出部分侧面的线，向外拉做出肩膀。这时记得查看对称部分相接的地方，如果有面，要选择面，按住"Delete键"删除，以下所有步骤同理。如图3-28。

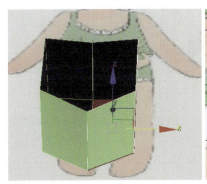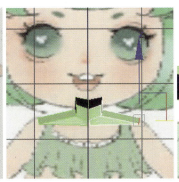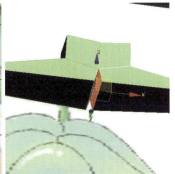

图3-28　创建脖子

选择模型肩部下的面，用"挤出"命令挤出面到胯部位置，在身体中部位置增加线段做出腰和胸的大致形状。选择模型胯部位置下面的面，添加"挤出"命令，向下做出腿和脚的基本形体。选择身体两侧上方的面，挤出形体做胳膊造型。再给身体关节处增加线段，调整体积、角度。如图3-29。

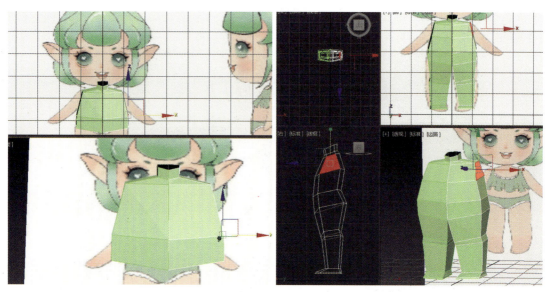

图3-29 制作身体

为了给后期制作衣服模型预留位置，要在腋窝的位置多加一条线，预留空间（图3-30）。同理，胯部也要做出结构并留出空间。选择图3-31中的红线，点击"连接"，选择腿部侧面新连接的线并调整位置，继续为身体侧面加线，缩放模型前后的面，不断调整，使身体变圆滑、立体。如图3-32。

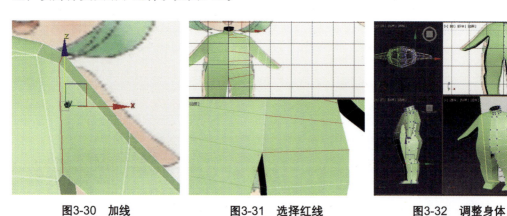

图3-30 加线　　　　图3-31 选择红线　　　　图3-32 调整身体

在"点"模式下使用"切割"命令，给从胯部至脚部的中心加线（图3-33）。根据增加的线，调整腿部结构，使腿部更有立体感。制作人物裤子，可在身体的胯部选取部分面，按住"Shift键"的同时，点击缩放工具，放大选中的面，选择"克隆到对象"并命名,在点击"镜像"选择"实例"后,调整细节并添加"涡轮平滑"命令。如图3-34。

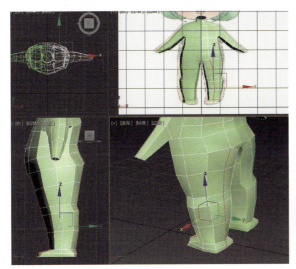

图3-33 给胯部至脚部的中心加线

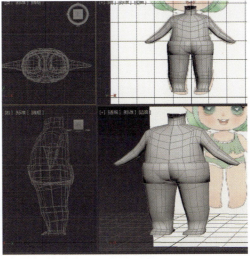

图3-34 使用"涡轮平滑"

最后将镜像模型合并,可在修改列表中找到"使唯一"工具，点击后,将身体中线的点"框选",再点击"焊接"命令(注意:焊接时,对框选中的点要检查是否多选、漏选;焊接后,观察是否有不应该被焊接在一起的点因为距离太近被焊接到一起了,可以根据焊接的属性选项调整焊接距离,避免少焊接或者多焊接)。模型的其他部分制作同理,最后在修改器列表中找到"涡轮平滑",增加模型面数至效果圆润,至此建模部分完成。如图3-35。

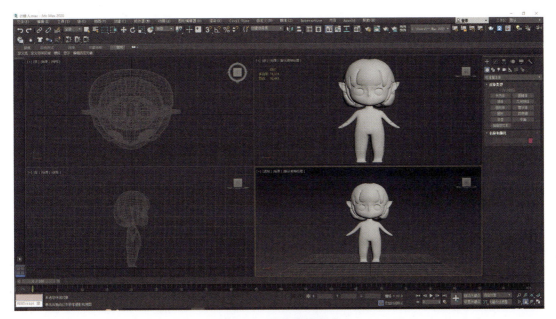

图3-35 身体建模完成

角色模型渲染

在建模完成后,要开始进行贴图的制作。在此阶段,需要将材料、纹理和颜色添加到3D模型中。UV贴图的制作步骤如下(以"茶·拾"系列的"祁门红茶"IP形象的头部为例)。

在渲染前,首先要进行UV制作。UV制作又称为展UV。展UV是为后续的贴图进行准备的必要环节,等于是把XYZ轴的三维模型,变成XY轴的二维图片形式,这里的U代表了X轴,V代表了Y轴。展UV简单地说就是把三维模型转换成二维图形,把UV图作为"蓝图",进行贴图的绘制,最后把所绘制的二维贴图贴给3D模型使用。

步骤1:UV贴图

选择需要进行展UV的部件(此处展UV的部件为人物模型的头部,图3-36)。

图3-36 选择需要展UV的模型面

在修改器列表中选择"UVW贴图"命令,设置参数如图3-37所示。

图3-37 选择"UVW贴图"命令

在这一步骤中,UV的展框要尽可能地将贴图形状贴合模型部分,如图3-38中橘色圆柱框所示。

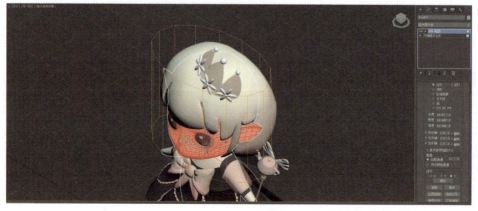

图3-38 UV展框

注意： 接缝的选择和规划。切线前的规划十分必要，要遵循展UV的"能整则整"原则，遵循模型布线原面积比例。让切口展开处隐藏在模型较为隐蔽的地方，甚至可以安排一些缝线包边的细节来专门处理接缝。这些细节既能增加高模的完成度，又能在低模阶段处理接缝的拼接。

步骤2：UV展开

在修改器列表中选择"UVW展开"命令，如图3-39所示，并选择"打开UV编辑器"。

注意： 添加修改器的顺序和步骤是很重要的，每个修改器会影响它之后的修改器。例如，先添加"弯曲"修改器再添加"锥化"，它的结果可能会与先添加"锥化"后添加"弯曲"完全不同。

步骤3：渲染UVW模板

打开UV编辑器后，在选择展开图形的状态下，单击工具栏中的"缩放工具"按钮（或快捷键R）进行均匀缩放，再单击主工具栏中的"移动工具"按钮（或快捷键W）将其放置至合适位置（图3-40）。

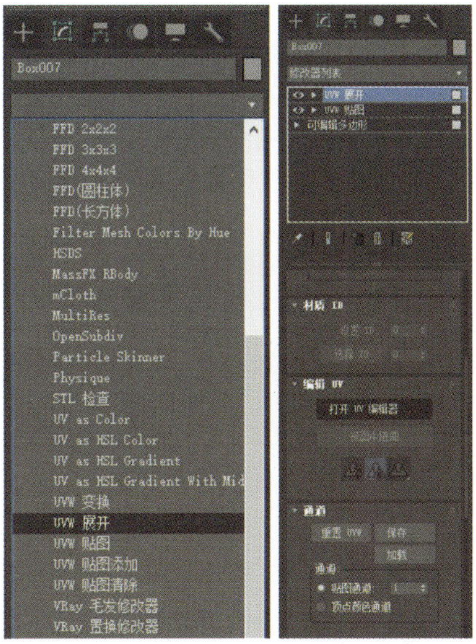

图3-39　选择"UVW展开"命令

注意： UV分摊和精度安排。不管用什么软件分UV，都要确保UV空间尽量用足，达到空间利用率的最大化。摊平UV，是分UV的基础。规划精度，会直接影响最终的贴图效果。

步骤4：导出UV图

在菜单栏中选择"工具"按钮，点击"渲染UVW模板"选项（图3-41），打开"渲染UVs"窗口。点击窗口左上角，保存UVW模板为JPG格式，导出图片。

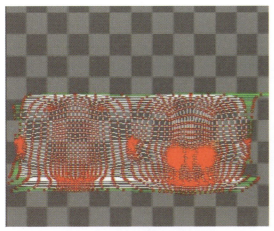

图3-40　在UV编辑器里调整UV

图3-41　点击"渲染UVW模板"选项

步骤5：绘制贴图

将保存的UV图导入Photoshop软件中开始贴图的制作，不光从颜色还原原画，还要做出各个材质的质感，这样就会显得更加真实。如图3-42。

步骤6：导入贴图

再次打开3ds Max人物模型文件，选中需要导入贴图的部分，将贴图用鼠标拖拽至模型上导入。导入后效果如图3-43所示。

图3-42　绘制贴图　　　　　　　　图3-43　模型贴图

步骤7：导入模型至渲染软件

此次渲染使用的软件为KeyShot软件。在KeyShot工具栏中选择"文件"-"导入"命令，导入已经导出的模型FBX文件，参数设置如图3-44所示。

注意： 在模型制作时，可以事先在材质编辑器中对模型的各部分材质进行一定区分，例如，为相同材质的部件添加同一材质，将模型颜色做统一设定，以便于渲染时材质的导入。

图3-44　将模型导入KeyShot软件

步骤8:添加材质

在KeyShot右侧的菜单栏中,选择需要添加或修改的材质。图3-45展示了眼睛部分的材质参数设置。(建议将材质的名称按照模型部件的名称命名以便辨认)

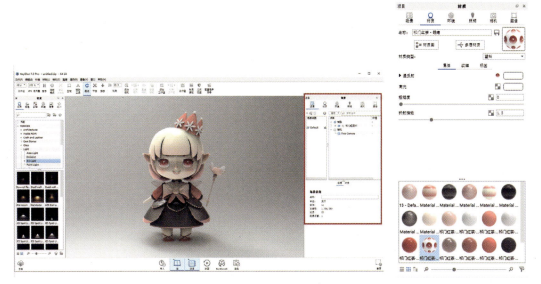

图3-45 设置材质参数

步骤9:设置环境

在KeyShot右侧菜单栏中选择"新建环境",设置参数,如图3-46所示。

步骤10:设置照明

在Keyshot右侧菜单栏中新建"照明",设置具体参数,如图3-47。

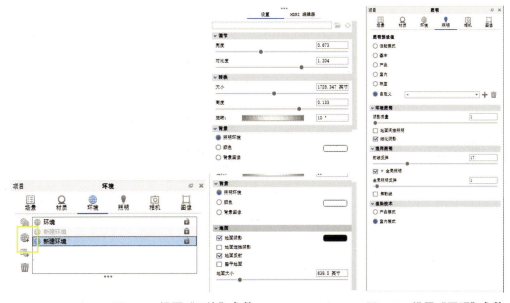

图3-46 设置"环境"参数　　　　图3-47 设置"照明"参数

步骤11：添加灯光

在KeyShot工具栏中选择"编辑"-"添加几何图形"-"平面"（快捷键Ctrl+5），如图3-48所示设置位置参数（在Keyshot右侧的"场景"中选择需要调整的模型后设置）。

选择Area Light 1200 Lumen Cool，将其拖拽至平面上，并设置参数如图3-49所示。

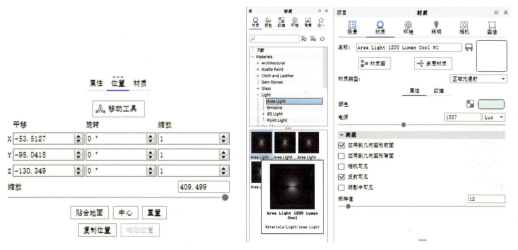

图3-48　调整模型位置　　　　　　　图3-49　添加灯光

重复上述步骤，设置第二个灯光。选择"Plane Material"将其拖拽至平面上，并设置参数如图3-50所示。设置第三个灯光，参数如图3-51所示。

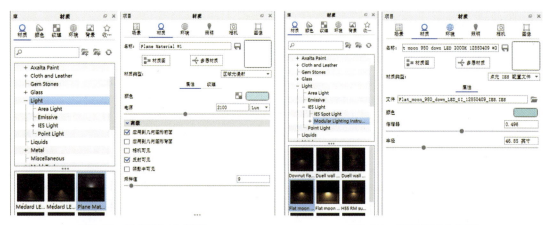

图3-50　设置第二个灯光　　　　　　图3-51　设置第三个灯光

至此，我们完成了所有灯光的设置，在后续相机位置的调整中，需要根据相机的角度再次对其位置进行修改。

步骤12：渲染图片

在KeyShot右侧菜单栏的"相机"命令中选中"Free Camera"调整相机摄取画面，并点击"新建相机"按钮,可以根据所需要的视角多次进行相机的新建,如图3-52。

在合适的相机视角中,点击KeyShot菜单栏中的"渲染"按钮(快捷键Ctrl+P)进行图片的渲染,并根据需求设置图片参数,如图3-53。

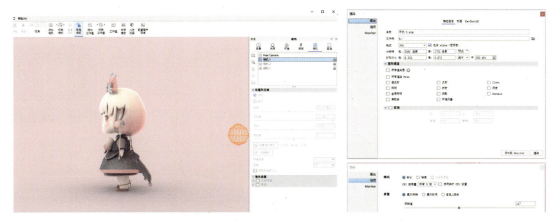

图3-52　新建相机　　　　　　　　　　　图3-53　渲染设置

渲染后的图片如图3-54所示。最终可以根据需要利用Photoshop进行一定的调整。至此,整个三维模型从建立到渲染的所有步骤已完成。

图3-54　最终渲染效果

3.3 使用ZBrush制作IP形象

3.3.1 ZBrush软件工具简介

本书案例所用的ZBrush软件版本为ZBrush 2019（图3-55）。

图3-56是ZBrush的主界面。从窗口上来看，主要分为标题栏、菜单栏、左右工具栏、菜单栏托盘和画布区域等几个大的模块。下面进行窗口具体模块功能的介绍。

图3-55　ZBrush软件图标

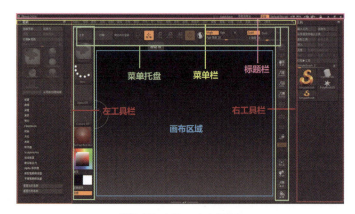

图3-56　ZBrush主界面

标题栏：整个页面最上面的便是标题栏，它主要分左右两个部分。左边部分显示的除了有软件版本、打开的文件名称之外，还显示了使用的内存情况、文件打开时间等信息。右边部分包括了六个功能：自动快速保存、界面透明度调整滑块、隐藏或显示菜单栏、加载默认脚本文件、选择用户界面颜色、选择用户布局。

菜单栏：标题栏下面的一行便是菜单栏，它有着与其他软件的菜单栏都不同的排列方式，不是以功能方式排列，而是根据菜单名称的英文首字母的次序进行排列。这里可以找到软件几乎所有功能，如保存文件、设置笔刷、编辑材质等。如图3-57所示，鼠标左键按住所选区域，可移动菜单到菜单托盘内。

注意：使用ZBrush时不会用到鼠标中间的滚轮，而是按住鼠标左键不松进行上下移动，或使用数位笔在数位板上移动即可。

图3-57　移动菜单

工具栏： 画布区域周边为工具栏，默认分布在左、右和上边，而画布下方则可以通过自定义来放置自定义的工具。左侧工具栏包含的功能有用于绘制和雕刻模型的笔刷工具，笔刷种类如图3-58所示；用于管理当前工具的子工具，这些子工具可以是不同的笔刷、贴图、插件等；用于设置当前工具的材质和颜色；用于设置笔刷的Alpha通道，也就是笔刷的形状和纹理；在这个区域，用户可以选择和使用各种插件，例如纹理创建、材质编辑、形状变换等。右侧的工具栏提供的是调整画布大小、视图位置等视觉效果的工具。上方的工具栏包含的灯箱区域是一个资源管理器，可以让用户在ZBrush中浏览和管理各种工具、素材、贴图等资源，方便用户选择和使用这些资源，此外这个工具栏里还提供3D对象的移动、放大缩小、旋转与绘制强度等工具，例如可通过调整"绘制大小"来改变笔刷大小，通过"移动轴"来改变模型位置等。

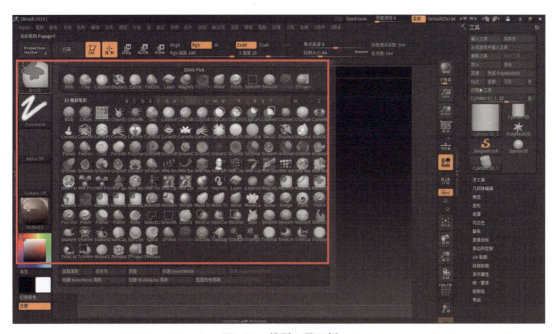

图3-58 笔刷工具面板

左右菜单托盘： ZBrush的菜单选项较多，在下拉菜单上进行选择或者设置参数会较为烦琐，所以在ZBrush界面的左右两侧和上方各有一个菜单托盘，用来放置菜单面板。可以双击两侧的箭头来进行显示或隐藏。在右侧菜单托盘中，可以根据自己的操作习惯添加常用的命令、各种基本和高级的工具，便于进行模型的调整、雕刻、编辑、纹理绘制等操作。

画布区域： 画布区域为界面中间最大面积的区域，背景从黑色到灰色渐变，这是添加3D对象并进行雕刻的地方，类似于画板。

3.3.2 案例实战：祥云瑞兽系列IP形象制作

角色建模

瑞兽是古代就有的富有美好寓意的吉祥物，在敦煌壁画中就有相关瑞兽形象；而盲盒则是当代流行的时尚潮玩。设计者想通过将这两者结合，使更多年轻人了解并喜爱璀璨的敦煌文化。系列作品的设计灵感来自莫高窟第3、25、249、257窟中的六种瑞兽，运用建模技术将其IP形象更加具体地展现出来，试图通过IP形象来扩大其影响范围，让人们了解这些可爱的瑞兽，体会敦煌文化的魅力。

这里以祥云瑞兽系列中"九色鹿"IP形象造型的三维模型搭建，作为使用ZBrush软件进行建模的案例。如图3-59所示。

打开ZBrush，选择"隐藏灯箱"，将瑞兽的三视图放在旁边，并从工具栏中拖取Sphere3D到画布中，如图3-60（注意编辑任何多面体时，需要转换成PloyMesh3D才能进行雕刻）。按快捷键"Shift键"可调正视窗，选择"标准笔刷" 开始进行大致雕刻，并调整参数。

图3-59 祥云瑞兽系列中的"九色鹿"IP形象造型 /
设计：廖元卿、潘嘉宣 / 指导老师：张煜鑫

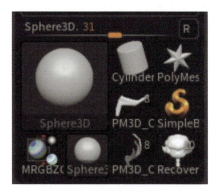

图3-60 从工具栏中拖取Sphere3D

找到"子工具"-"几何编辑体"-"Dynamesh"命令，将其分辨率调整至合适数值并重新进行运算（一开始雕刻时不宜添加过多细节，需要先打好整体框架），然后根据需要选择"激活对称"。如图3-61。

用鼠标左键（或者数位笔）操作，进行初步雕刻。雕刻过程中如果有错误步骤或者是修改抹平，可以用按住"Shift + 鼠标左键"的方式修改。如图3-62。

IP 形象的三维制作 | 第 3 章

图3-61 基础模型编辑设置

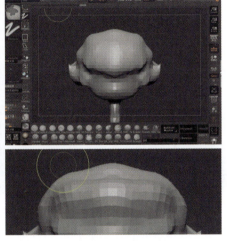

图3-62 初步雕刻

特别提醒：在ZBrush中，打开对称笔刷模式，可以在一个模型的两个对称部位同时进行涂绘操作，从而快速地制作出对称的模型。打开对称笔刷的方法是，首先选择需要进行对称涂绘的模型，并进入编辑模式；在顶部的菜单栏中，选择"Transform"（变换）"Activate Symmetry"（激活对称）；在弹出的对话框中，选择需要的对称模式，比如左右、上下、前后等，也可以选择"Radial"（径向）模式，这将在模型周围创建一个圆形对称区域；点击"OK"按钮，对称笔刷模式就会被激活。如图3-63。

用鼠标左键（或者数位笔）操作，调整"Dynamesh"的分辨率到合适数值（一般根据电脑配置进行选择），点击"Shift + 鼠标左键"抹平棱角（图3-64），要是想要进行凹陷雕刻，可以更换为雕刻笔刷。

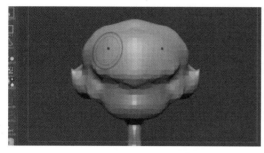

图3-63 对称笔刷模式

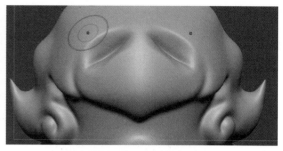

图3-64 抹平棱角

运用不同笔刷对头部进行雕刻，得到细致外形。一旦细致雕刻就无法降低分辨率，反复降低再提高分辨率会损失之前在物件上雕刻的细节。

拉出IP形象造型尖角，采用如图3-65所示笔刷。到了这一步，不能单凭正视图进行创作，一定要对照好三视图进行雕刻，调整细节位置。

雕刻躯干。点击工具栏中大方框中的几何体，选择"圆柱"，转换成PloyMesh3D进行初步雕刻。如图3-66。

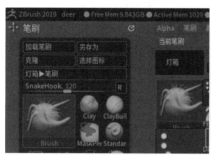

图3-65 Brush笔刷

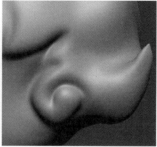

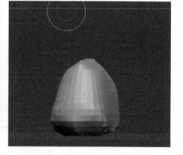

图3-66 创建躯干基本体

如果直接选择用默认几何形体作为躯干的话，结构粗糙，不美观，可以选择用蒙版进行造型处理。首先使用蒙版（快捷键"Ctrl + 鼠标左键"）进行选区，再反选（按"Ctrl + 鼠标左键"，在画布空白部分轻点）拖出躯干（图3-67），这样其他被黑色蒙住的部分就不会受画笔的影响。

按"Ctrl + 鼠标左键"在画布空白处点击选区，可取消蒙版。取消蒙版后提高Dynamesh的分辨率到合适数值，进行进一步细节雕刻。如图3-68。

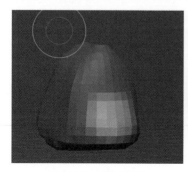

图3-67 添加蒙版

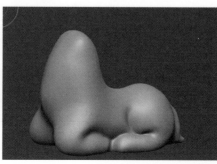

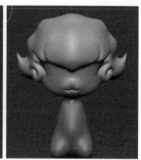

图3-68 细节雕刻

若是后续部件太多,可以像在Photoshop中一样在子工具栏中关闭图层。如图3-69所示。

按照上述方法做出瑞兽的一只手臂,在"子工具"中下拉,找到"复制"选项进行操作,并选择视图右下角的"镜像"进行对称翻转,再进行图层合并。如图3-70。

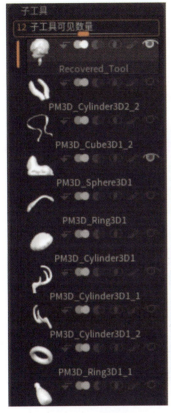

图3-69　图层管理

 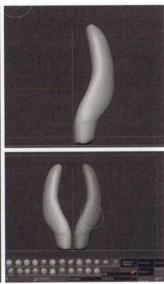

图3-70　镜像翻转

特别提醒: 合并图层后可以进行遮罩拆分(图3-71)。若合并后物体间有粘连部分则无法拆分。

可以用该笔刷拉出鹿角,同理,再进行对称得到完整图。如图3-72。

图3-71　遮罩拆分　　　　　　　　　图3-72　鹿角完整图

在制作鹿角的过程中可以使用快捷键"Shift + F"进入线框模式，把分辨率适当提高，并善用"ZRemesher"进行重新布线，以免破形。如图3-73。

图3-73　重新布线

接着做丝带的造型。新建一个圆柱，点击视图上方的移动轴，进行拉伸，得到一个扁长的圆柱。调整好后按"Q键"回到绘制模式。如图3-74。

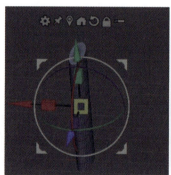 

图3-74　绘制模式

可以用TrimDynamic笔刷制造扁平效果，一边雕刻一边用"ZRemesher"进行重新布线，不停地雕刻、拉伸，最后复制合并得到完整的丝带。如图3-75。

图3-75　雕刻丝带

瑞兽的玉佩、流苏以及角上的圆环，都是用同样的方法通过对立方体、圆柱体、圆环的缩放、对称雕刻得到的。如图3-76。

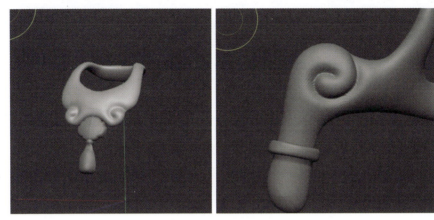

图3-76　雕刻配件细节

打开所有图层，与手稿三视图进行对比、细化、修改，作进一步调整。得到的最终效果如图3-77所示。

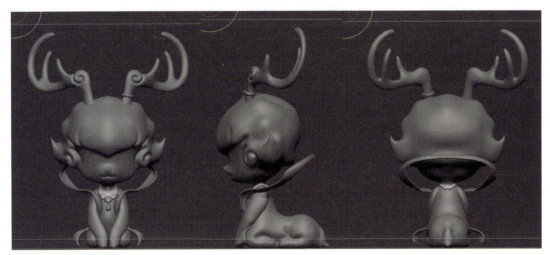

图3-77　雕刻最终效果展示

角色模型上色

接下来开始上色，选择的方式是直接在ZBrush里用笔刷上色。打开"子工具"-"图层"的小笔刷，按住空格选取颜色，打开"Rgb通道"，关闭"Z＋/Z-通道"，进行上色（切换笔刷对此操作无影响）。如图3-78。绘制大小就是笔刷的宽度，Rgb强度就是颜色的透明度。

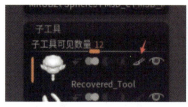  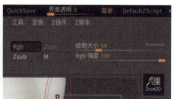

图3-78　用笔刷上色

特别提醒：在上色模式下也可以将对称激活或者进行蒙版操作。

头部、躯干、鹿角、丝带、首饰等都可以用笔刷进行上色。上色后效果如图3-79所示，躯干、鹿角、丝带、首饰等都可以用相同的办法进行绘制。

进行贴图的图层需要调整细分级别（图3-80）。细分级别影响该物体的面数，若是细分级别低会影响贴图的分辨率。

图3-79　其他部位上色展示　　　　图3-80　细分级别

点击"菜单"-"纹理"-"导入"，选择准备好的透明底贴图（选透明底是为了不影响其他部分的颜色）导入，就可以得到如图3-81所示的贴图。

点击"添加到聚光灯"命令（图3-82），得到如图3-83所示画面，在滚轮中找到"缩放"，将贴图进行等比例缩小。再用鼠标左键拖动黄色中心点移动至需要贴图的位置，如图3-84。

图3-81　贴图展示　　　　　　　图3-82　添加到聚光灯

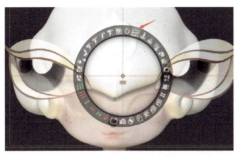
图3-83 缩放

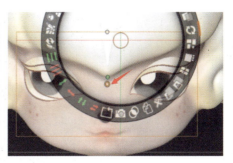
图3-84 黄色中心点

按快捷键"Z键"进入绘画模式,关闭"Z+/Z-通道",打开"Rgb通道",并进行绘制。如图3-85。再按"Z键"退出绘制模式,点击删除悬浮的贴图,进行微调得到如图3-86所示效果。

图3-85 绘画模式

图3-86 绘制效果

同理,对躯干的花纹进行贴图(图3-87)。

特别提醒:进行贴图后不能再次对贴图部分进行抹平,否则会让贴图拉扯模糊,降低原图的分辨率。

运用蒙版原理抠出花纹,在其他地方上色。按"Ctrl+鼠标左键",点击画布空白处进行反选,得到如图3-88右边所示效果。

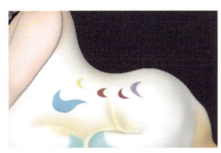
图3-87 躯干贴图

图3-88 用蒙版原理绘制

点击"菜单"-"材质"-"灯箱",可以看到软件内含的各类材质。将鼠标放在材质球上停留几秒可以看见运用该材质后的预览效果。选择合适的材质进行填充,得到如图3-89右边所示的效果。

图3-89 材质填充

用相同的方法,分别赋予玉佩、首饰、丝带相应材质。如图3-90。

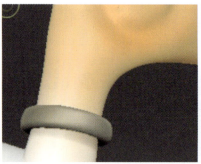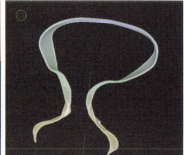

图3-90 配件材质

打开所有图层,与手稿三视图进行对比、细化、修改,作进一步调整。得到最终的模型上色效果(图3-91)。

图3-91 最终上色效果展示

角色模型渲染

对"九色鹿"IP形象三维模型,我们选择在ZBrush里进行渲染出图。首先需要调整灯光,点击"菜单"-"灯光",如图3-92所示。

因为不需要受地面阴影的影响,所以直接找好角度进行渲染。点击"菜单"-"文档"-"比例",修改为4K或者其他像素的高清比例,这样就不至于让导出的渲染图变得模糊。如图3-93。

图3-92 灯光调整

图3-93 渲染调整

点击调整大小后会得到一个模糊的物体画面,用鼠标左键拖出一个新的模型(图3-94),并且按快捷键"Ctrl + N"清除画布。再次拖入一个新的完整模型。然后按T进入编辑模式。如图3-95。

图3-94 拖拽出新模型

图3-95 进入编辑模式

由于图片的清晰度与BRP渲染的算法有关,即会按照模型剪影的大小进行剪裁,所以我们要放大模型至一定比例再导出(图3-96)。选择需要的格式(一般情况下是JPEG格式),点击确定。

要是按照等比例导出就会得到如图3-97左边所示的结果，模型小，像素高，但是不清晰，而我们需要的是图3-97右边的渲染图。

图3-96　放大模型调整比例

可以根据如图3-98所示的信息，调整角度，渲染出图（图3-99）。

图3-97　渲染像素对比

图3-98　调整参数信息

图3-99　渲染最终效果图

3.4 使用Cinema 4D制作IP形象

3.4.1 Cinema 4D软件工具简介

本书中使用的Cinema 4D软件版本为Maxon Cinema 4D R21（图3-100）。

该软件的界面可以分为以下几个区域。

标题栏： 如图3-101所示，整个界面最上面的这一排就是标题栏，后面的"[未标题1]"，是当前所编辑文件的名字，当更改文件名称后，会变成对应的文件名。

图3-100 Cinema 4D软件图标

图3-101 标题栏

菜单栏： 如图3-102所示，在标题栏下面的一行就是菜单栏，其中包含了大量的命令和工具，可以通过它来进行模型建模、材质编辑、动画制作、渲染等各种操作。这里可以找到几乎所有的功能，如保存文件、工程设置、新建物体、选择、雕刻、骨骼、毛发、渲染设置、插件扩展等。

如图3-103所示，单击黄色框选区，可以将菜单栏悬浮，并且可以随便拖动到电脑屏幕上的任意一个角落，方便操作者独立使用。

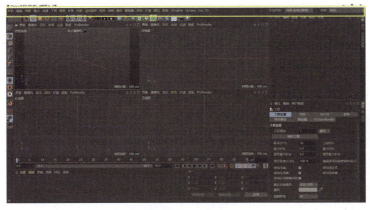

图3-102 菜单栏

图3-103 单击选区拖动菜单栏

工具栏： 如图3-104所示，工具栏位于软件窗口的左侧，和菜单栏上方。工具栏在默认情况下是隐藏的，展现时可以通过点击窗口左上角的小箭头打开。其中包含了大量的工具，例如选择工具、移动工具、旋转工具、缩放工具等，这些都是常用工具，基本都有对应的快捷键，或者也可以自己设置对应的快捷键。这里列一些常用的快捷键，如移动（E）、缩放（T）、旋转（R）、渲染到图片查看器（Shift+R）等。在工具栏中，如图3-105所示有虚线的窗口，都可以作为悬浮窗口在界面显示。

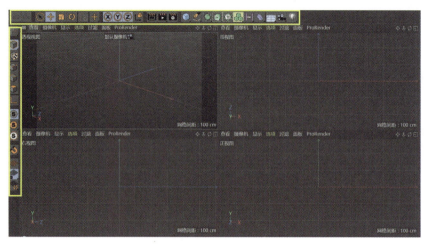

图3-104　工具栏　　　　　　　　　　　　　　图3-105　可悬浮窗口

视窗区域：界面中最大的区域就是视窗，位于软件窗口的中央，用来展示三维场景的视图，可以通过视窗进行模型的编辑、布局、排列、组合等操作。单击鼠标中键可以只显示一个视图。如图3-106。

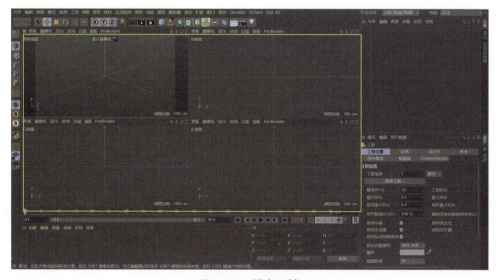

图3-106　视窗区域

时间轴、坐标轴、材质面板：视窗下面是时间轴和坐标轴，如图3-107所示，位于软件窗口的底部。时间轴用来控制动画的时间线，通过时间轴可以对动画进行编辑、剪辑、调整等操作。通过坐标轴可以修改图形在视图中的位置。材质面板可用于管理材质球。

图3-107　时间轴、坐标轴、材质面板

对象管理器：对象管理器位于软件窗口的右侧，默认情况下是隐藏的，可以通过点击窗口右上角的小箭头来打开。用来管理当前场景中所有的对象，可以给它们命名、打组、打标签等。如图3-108。

图3-108　对象管理器

属性管理器：属性管理器位于软件窗口的底部，默认情况下是隐藏的，可以通过点击窗口底部的小箭头来打开。其用来管理当前选中对象的属性，可以进行位置、旋转、缩放、材质等管理。如图3-109。

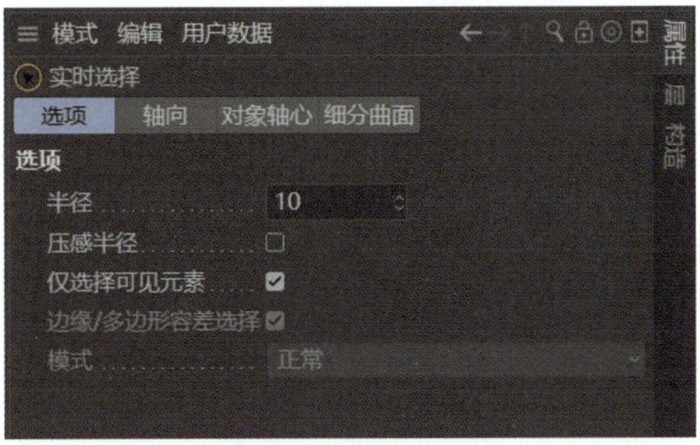

图3-109　属性管理器

3.4.2 案例实战：FWES系列IP形象制作

角色建模

下面以FWES系列的代表"疫苗研发者"IP形象的三维模型（图3-110）搭建作为使用Cinema 4D软件进行建模的案例。

（1）头部建模

打开Cinema 4D，执行"文件"-"新建项目"操作，新建项目的快捷键是"Ctrl + N"，并保存项目到指定路径位置。如图3-111。

图3-110　FWES系列的代表"疫苗研发者"IP形象 / 设计：顾妍、何佳琳、刘千慧、王洁 / 指导老师：张煜鑫

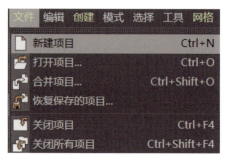

图3-111　新建项目

单击鼠标中键选择正视图，按"Shift + V键"调出视窗，选择"背景"-"图像"-"导入"，导入绘制好的设计稿，并调整参数，如图3-112所示，对照设计稿进行模型创建。

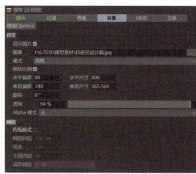

图3-112　导入设计稿并调整参数

新建球体，命名为"头部"，对其进行"转为可编辑对象"操作，在"点"模式的状态下删除右边所有点，并添加"对称"命令，如图3-113。对称图形只需做一边，另一边复制即可。

图3-113 创建头部

在"点"模式下,点击键盘上字母"M",调出子菜单,如图3-114所示,这时再按字母"O"选择"滑动"。然后点击鼠标左键,对照设计稿滑动点到对应位置。如图3-115。

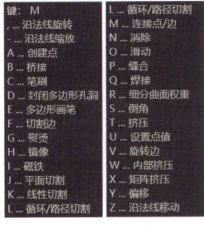

图3-114 子菜单　　　　图3-115 对照设计稿调节点

在"点"模式下,点击快捷键"K",调出子菜单,再按一下"K",进入"线性切割",连接点与点,创建一个八边形,为在模型上"挖孔"做好准备。如图3-116。

选择中间的点后右击选择"倒角",右击鼠标按下不放开,可拖动出一个八边形。如图3-117所示,就可以得到眼睛大体外形了。

图3-116 进入"线性切割"　　　　图3-117 调节眼睛

单击鼠标中键可切换不同视图,在右视图导入设计图。重复此步骤,在不同视图下对照设计图,调整点到合适的位置。如图3-118。

图3-118　在不同视图下观察调节

添加"细分曲面"，来回反复切换正视图、右视图、透视视图等调整点的位置，注意不要造成破面现象。如图3-119。

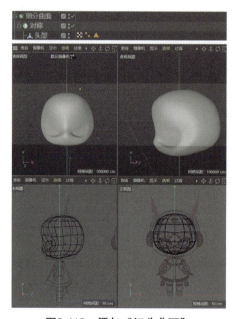

图3-119　添加"细分曲面"

如图3-120所示，在"面"模式下，选择整个眼睛的面，右击鼠标选择"挤压"命令，左击鼠标不松的同时按住"Ctrl键"向蓝色坐标轴拖动，得到图3-121所示效果。

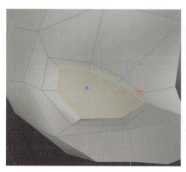

图3-120　选择眼睛的面　　图3-121　用"挤压"命令得出体积

当基本的框架出来后，就开始构架一些细节。例如眉毛，按下鼠标中键切换到正视图，用"样条画笔"勾勒出睫毛的形状（图3-122），接着给该样条线添加"挤压"命令，挤出厚度，并修改图3-123所示的参数，注意不要太厚。

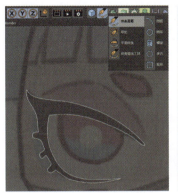 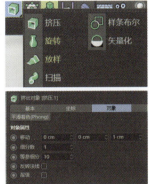

图3-122　勾勒睫毛形状　　　图3-123　挤压出模型厚度

特别提醒： 需要给挤出对象添加"封盖"和"圆角"，如图3-124。圆角可以提升物体的精致程度，能添加圆角效果的尽量都添加一些，会有意想不到的效果。

图3-124　添加"封盖"和"圆角"

右击鼠标选择"挤压"命令，选择"当前状态转对象"就得到了两个挤压。同时按住"Alt键"和鼠标左键，当点两次灰色圆圈变成红色圆圈时，上面的挤压就被隐藏了。接着如果挤压出来的面不贴合头部（图3-125），这时应该给挤压的模型部分添加一个"FFD"的变形指令（图3-126），拖动点，得到如图3-127所示的效果。

图3-125 挤压的面不贴合头部

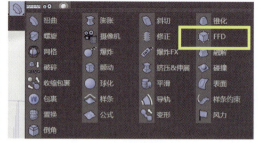
图3-126 添加变形指令

图3-127 变形命令效果

特别提醒： 若觉得框架显示模式碍事，影响视线，可以勾选"过滤面板"-"变形器" ✓变形器 进行隐藏。

眉毛和眼珠的制作。分别创建两个球体，作为眉毛和眼珠的基本形体，并对创建的模型进行"转为可编辑对象"操作，然后选中Z轴进行如图3-128左图所示的压扁模型操作，并移动、旋转到合适位置，就可以得到右图效果。

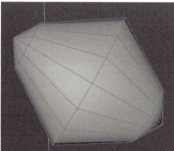

图3-128 编辑眉毛和眼球

整理一下已经做好的模型，包括命名、打组，快捷键是"Alt + G键"。为什么要对模型进行打组呢？因为"对称"只默认对最上面一个对象起作用。此时可以得到如图3-129所示的效果。

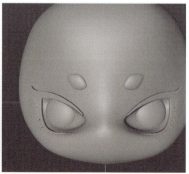

图3-129 打组

接着做脸部的缝合线。选中"细分曲面",依旧对模型进行"转为可编辑对象"操作,可以得到两个"细分曲面"。双击"Alt+鼠标左键",隐藏第一个"细分曲面"。如图3-130。

在"线"模式下,点击"选择"-"循环选择",选择"图中橘色展示的线",右击鼠标选择"提取样条线",就可以进行样条线编辑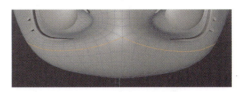。如图3-131。

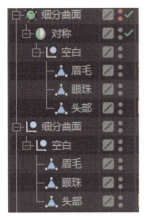

图3-130　隐藏第一个"细分曲面"

图3-131　编辑头部线条

在菜单栏中找到"圆环"命令,调整半径的大小和平面的轴向,如图3-132。

添加"扫描",将"圆环"和"头部样条"拖入"扫描"内。这里需要注意层级关系:"圆环"在上,"头部样条"在下,千万不能将层级摆放颠倒。如图3-133。

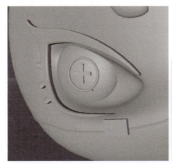

图3-132　圆环参数

图3-133　层级关系

面部其他装饰物,可以通过对圆环、立方体的缩放、移动、旋转得到。如图3-134。

图3-134　面部其他装饰物的制作

耳机的制作。先做出耳麦的骨架，即中间的横梁。新建"圆环"，调整大小，摆好位置，注意要不停切换视图查看，保证大小比例和位置关系的正确。图3-135为正视图、侧视图对比。

图3-135　对比正视图和侧视图

对圆环进行"转为可编辑对象"操作，选中最下面的锚点，断开连接后删除，调整一下点的位置，防止模型穿帮，再新建一个半径为7cm的圆环，将这两个圆环放到"扫描"层级下。这里有两个"圆环"，应该把耳麦的结构线，即耳麦的路径放在下一层级，而后建的圆环在上一层级，这里要特别注意层级关系。整个过程如图3-136所示。

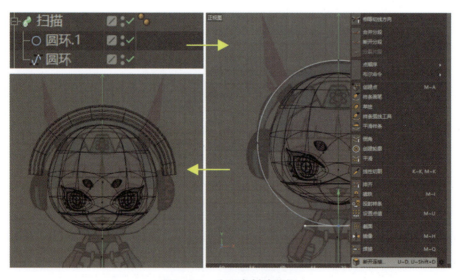

图3-136　为耳麦创建层级

耳麦外形由圆柱、圆环的变体构成。新建圆柱，将圆柱体的分段改为1，面数改为16（这里创建的面数起始不宜太多，方便后期控制面数），并进行"转为可编辑对象"操作，然后选中最上面的面，按住"Ctrl键"同时拖动坐标轴，再进行缩放。新建圆环，调整位置、大小，得到相应模型造型。整体过程如图3-137所示。

图3-137 调整耳麦造型

在"面"模式下,选择如图3-138所示的这些面,右击鼠标选择"分裂",再右击鼠标选择"挤压",这样耳机部分就做好了。

新建两个立方体,并进行"转为可编辑对象"操作,然后将二者调整到合适的大小。给创建的两个立方体添加"布尔运算"指令,将布尔类型改成"AB交集"。把右边的立方体多复制一个出来,同时按住"Ctrl + 鼠标左键"拖拽即可复制,这样耳朵的外形就出来了。过程如图3-139所示。

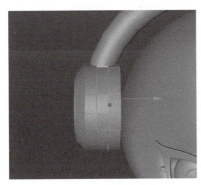

图3-138 选择要编辑的面

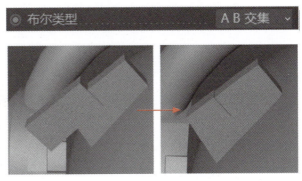

图3-139 创建耳朵基础形状

对创建的两个立方体进行"转为可编辑对象"操作,调整到合适的大小,这样整个耳朵大体就完成了,剩下的就是一些装饰。如图3-140。

耳朵装饰部分都是由圆柱和球体的简单变形制作的。耳朵部分完成后,还需要整理一下命名及分组。良好的命名和分组习惯有利于模型的及时调取和团队合作。

头发部分的制作。选择原来的"头部",右击鼠标选择"当前状态转对象",并将多余的部分隐藏，具体层级如图3-141所示。

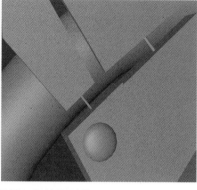

图3-140　编辑耳部结构细节　　　　　　　图3-141　头发制作层级

现在可以获得一个面数较多的头部。使用快捷键"M~O"，选择头部模型并对照设计图滑动点的位置，如图3-142。

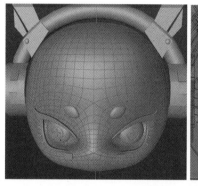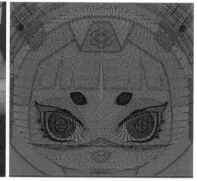

图3-142　滑动点位置

选择所需面，右击鼠标选择"挤压"命令，这里将参数设置为3cm，给新的头部（"当前状态转对象"后的）添加"细分曲面"，将原来的细分曲面隐藏。到此为止，IP形象的头发制作完成，如图3-143。

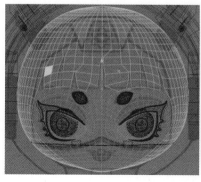

图3-143　头发制作完成

将右半部分的点全部删除，添加"对称"命令 。重复图3-130所示的步骤，隐藏多余的部分，选择所需面，右击鼠标选择"挤压"命令，如图3-144。

特别提醒：要将图3-145中的面删除，否则添加"对称"时会出错。

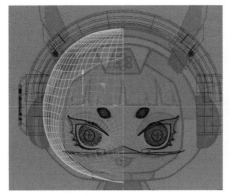
图3-144　编辑一半模型

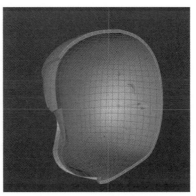
图3-145　删除选择的面

刘海部分的制作。新建立方体，"转为可编辑对象"后调整到合适位置，如图3-146所示，为其添加细分曲面。接着微调细节。至此，整个头部的所有建模部分就完成了。如图3-147。

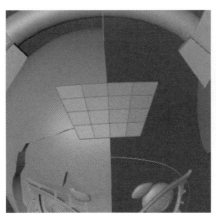
图3-146　编辑刘海造型

图3-147　头部建模完成

（2）身体建模

接下来，我们开始做身体部分。首先，新建"圆柱"，将圆柱的"旋转分段"改为双数数字。双数数字的设置可以帮助我们获得对称模型。例如在本案例中，将数值改为16，再将该圆柱"转为可编辑对象"。将视图转到正视图操作模式，对照设计图，把模型放至合适大小，如图3-148。删除一半身体，添加"对称效果"。按快捷键"M~O"选择"滑动"，按快捷键"K~L"选择"路径切割"，勾勒出衣服的外形，如图3-149。

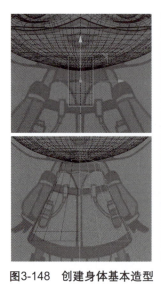 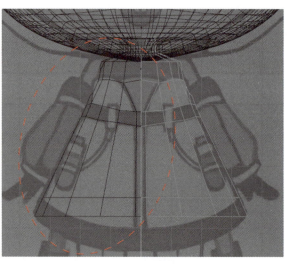

图3-148　创建身体基本造型　　　　图3-149　勾勒衣服外形

创建手臂。在身体侧面按快捷键"K~K"选择"线性切割",按快捷键"M~O"选择"滑动",创建一个八边形,用来构建手臂的基础结构,如图3-150。

选择中间的点,右击鼠标选择"倒角",进行缩放,就得到了一个不标准的八边形。接下来按快捷键"M~O"选择"滑动",调整点的位置,以此来获得一个稍微标准一点的八边形。按快捷键"K~L"选择"循环切割",在外圈卡一圈线。如图3-151。

 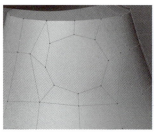

图3-150　构建手臂基础结构　　　　图3-151　创建八边形

选择中间的面,同时按住"Ctrl+鼠标左键",向红色坐标轴方向拖动,拉长模型体积,这样就获得了手臂的基本形状。利用"循环切割""缩放"等功能做出手臂面数分段的划分。如图3-152。

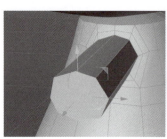 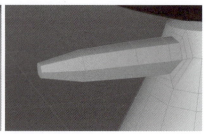

图3-152　创建手臂基本形状

创建手掌。再次同时按住"Ctrl + 鼠标左键",向外拖出手掌的面,然后用"移动"、"缩放"、"旋转"和"滑动"功能控制点的位置,并使用"线性切割",预留出五个手指的基础形状。如图3-153。

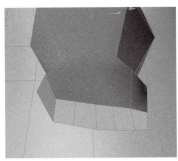
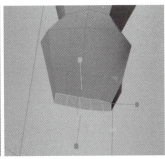

图3-153　创建手掌

选择图3-153右图展示的五个面,在选择的面上,右击鼠标选择"挤压"命令,向外拖动,这里注意一定不要勾选"保持群组"。调整每个面到符合人体基本结构的位置,手指就做好了。如图3-154。

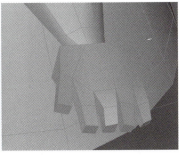

图3-154　创建手指

创建衣服。先制作最里层的衣服,选择图3-155所示的面,右击鼠标执行"挤压"命令,这时需要勾选"保持群组"。

开始制作外部衣服。选择外部衣服的面,右击鼠标选择"分裂",再右击鼠标选择"挤压"。重复如上操作,可以得到最外层的衣服,如图3-156。

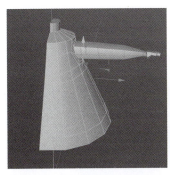

图3-155　对面进行"挤压"　　　　图3-156　制作外部衣服

这里我们整理一下，使用快捷键"Alt+G键"打组，然后放在"细分曲面"里。层次关系如图3-157所示。

把这些衣服中间对称的点的"世界坐标"全都改为0，如图3-158，并且将对称时被遮住的面删去，否则模型在后期会出错。

图3-157 层级安排

图3-158 调整"世界坐标"

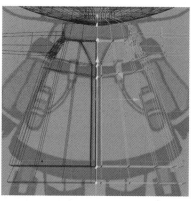

注意到衣服领口有立体镶边，所以选择图3-159所示衣领的面，右击鼠标选择"挤压"命令即可制作出镶边效果，至此衣服的大形制作完毕，如图3-160。

图3-159 选择衣领面

图3-160 衣服外形制作完毕

把视角调到裙底，开始做身体下半部分。选择如图3-161所示中间的点，右击鼠标选择"挤压"，可以得到图3-162所示的面，并向绿色的Y轴拖动，得到如图3-163所示的掏空造型裙底。

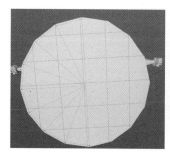

图3-161 选择中间点

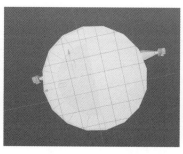

图3-162 选择面

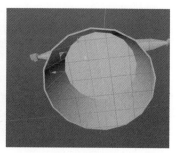

图3-163 裙底呈现掏空造型

制作完裙底造型后，需要为制作腿创造条件。首先需要创建八边形，右击鼠标选择"点"下的命令"创建点"，如图3-164所示，右击鼠标选择"挤压"，得到图3-165所示的布线效果。用"滑动工具"调整点的位置，获得腿的八边面，如图3-166所示。同时按住"Ctrl＋鼠标左键"往Y轴方向拖拽该面，就得到了图3-167所示的效果。

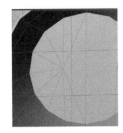 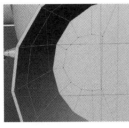 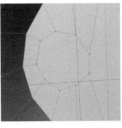 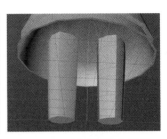

图3-164　选择"创建点"　　图3-165　布线　　图3-166　调整八边面　　图3-167　创建腿基本形状

对照设计图，用"循环切割"给腿划分区块，右击鼠标选择"挤压"，制作完袜子部分，如图3-168。

同理，给手部模型划分区块，右击鼠标选择"挤压"，做出如图3-169所示袖子的厚度。

 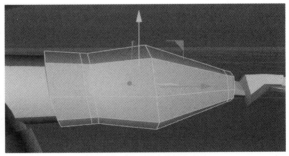

图3-168　制作袜子部分　　　　　图3-169　添加袖子厚度

接下来给衣服添加细节。新建"正方体"，点击"转为可编辑对象"。选择所有的线，右击鼠标选择"倒角"，修改参数，得到衣服细节造型。整体过程如图3-170。

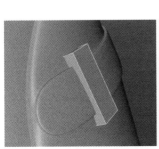  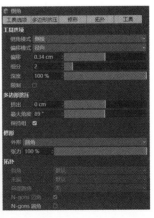

图3-170　添加衣服细节造型

按住快捷键"Ctrl + 鼠标左键",围绕身体重复多次拖动腰带上立方体下面的面,即可获得衣服带子,如图3-171。

药水瓶子和里面的药水都是通过不断挤压一个圆柱获得的,如图3-172。

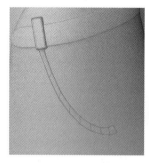  

图3-171　衣服带子　　　　图3-172　创建药瓶及药水

衣服下面垂着的飘带是用立方体挤压获得的。具体造型如图3-173所示。除左右对称外,还需给该立方体添加前后对称,即在对称外面再套一个对称(两层对称),具体设置如图3-174、图3-175所示。

 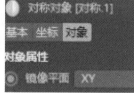 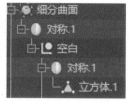

图3-173　飘带造型　　　图3-174　添加对称　　图3-175　对称套对称

最后,给IP形象小兔子添加小尾巴,也就是球体,如图3-176所示。模型部分制作完成。

图3-176　创建尾巴

角色模型渲染

这里采用的渲染工具是Octane Render 4.0版本。进行渲染前,首先要对渲染器进行基本参数设置。如图3-177。

点击"渲染设置",将渲染器选择为"Octane渲染器",将输出参数设置为"宽度"2000像素,"高度"2000像素,图像分辨率2000×2000像素。如图3-178。

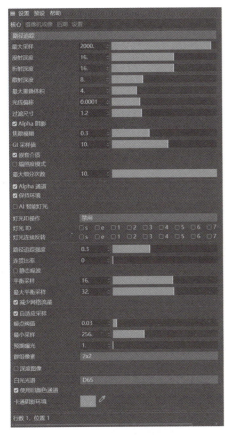

图3-177 渲染参数设置

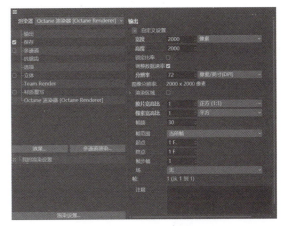

图3-178 "输出"参数设置

本次作品渲染的步骤是,先在场景中摆放好摄像机位置,设置好灯光等,再添加材质。首先,需要给场景添加"OC相机",并调整焦距,如图3-179所示。按"启用摄像机成像"解锁OC相机更多功能,可以添加一个LUT滤镜,如图3-180所示,这里选择的也是设计者常用的一款滤镜"DSCS315 5"。如果高光太亮,可以调整"高光压缩"的数值,数值越高,高光越暗。可以根据作品需求尝试其他的功能。在"后期处理"中勾选"启用[Enable]",调整"辉光强度"的数值,这个数值的调整会让画面更加有层次,如图3-181所示。

 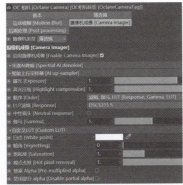 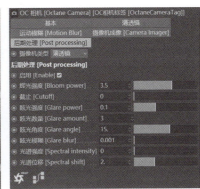

图3-179 添加"OC相机"　　图3-180 启用摄像机成像　　图3-181 调整"辉光强度"的数值

HDR也属于灯光的一部分。因此点击"对象"-"HDR",给场景添加一个HDR图,并调整功率和位置,调至一个大体合适的效果(后期还可以进行微调)。作品中采用的打光思路是六分亮面、三分暗面、一分反光,这样的好处是各个亮度都有涉及,会使模型显得形象自然、有立体感,参数如图3-182所示,效果如图3-183所示。

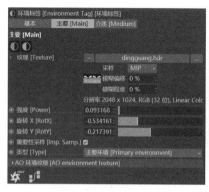 

图3-182　HDR参数设置　　　　　图3-183　效果展示

接着点击"对象"-"灯光"-"Octane区域光",给物体添加三个灯光,如图3-184所示。主光的功率最大,辅光其次,反光最弱。这样我们就得到了图3-185的效果。

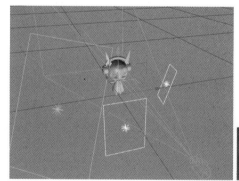

图3-184　添加三个灯光

图3-185　打灯效果

把前期工作准备完毕，就可以开始设置材质了。先来讲解发光材质的做法。首先新建"漫射材质"，打开"节点编辑器"，在左边的菜单栏中找到"纹理发光"，并按鼠标左键拖出，连接到漫射材质的"发光"节点，如图3-186。

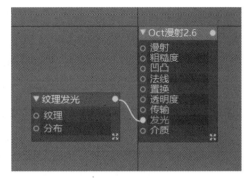

同理，在左边菜单栏中拖出一个"RGB颜色"节点，接到"纹理发光"的"纹理"上，调整纹理发光，如图3-187。接着调整"RGB颜色"，如图3-188。

图3-186 连接"发光"节点

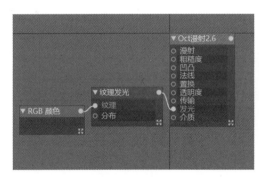

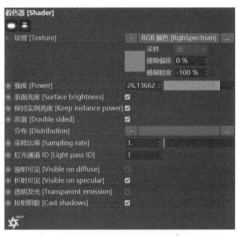

图3-187 创建"RGB颜色"节点并连接　　图188 调整"RGB颜色"

将该漫射材质球拖动到耳朵模型上，一对发光耳朵就完成了，如图3-189。其他发光材质的制作都是一样的原理，只需调整"纹理发光"和"RGB颜色"即可。

药水瓶子等透明材质是通过新建"Octane透明材质"和调整"折射率"得到的。注意，在这里一定要勾选"伪阴影"选项，如图3-190，否则光是透不过去的。

图3-189 发光耳朵完成　　　　图3-190 勾选"伪阴影"

再介绍一下简单贴图操作。首先新建"漫射材质",打开"节点编辑器",在左边的菜单栏中找到"图像纹理",并按鼠标左键拖出,连接到漫射材质的漫射节点上,将"UV变换"和"投射"都点开,并调整参数。将眼睛贴图复制一份,并将复制的贴图类型改成为黑白,若需要调整"伽马值",可以把数值调至0.1,两张贴图同时连接相同的"变换"和"纹理投射",如图3-191。

其他所有部分都是对漫射材质或光泽材质,调整漫射的颜色所得。如图3-192。

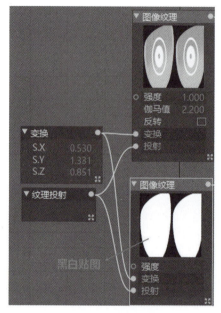

图3-191　参数调整

图3-192　调整漫射

最后一步,点击渲染到"图片查看器",渲染出图(图3-193)。

图3-193　渲染出图

场景建模和渲染

（1）基础模型创建

图3-194为打算创建的场景模型手稿图。

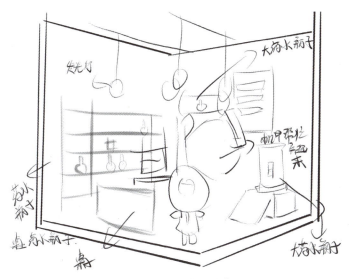

图3-194 场景模型手稿图

创建场景，首先要单击"立方体"按钮，在视图中创建一个立方体模型。在"属性"面板的"对象"选项卡中设置"尺寸X"为100cm，"尺寸Y"为100cm，然后进入"缩放模式"，如图3-195。拖拽黄色的点进行XYZ轴变形，如图3-196。把图形压平到想要的厚度。如果想要精确数值的话，可以在"立方体对象"中的"对象属性"中对XYZ进行调节（图3-197）。

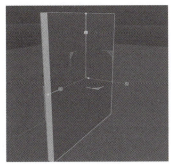
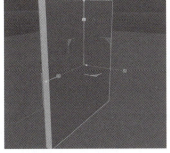

图3-195 缩放模式　　图3-196 拖拽变形　　图3-197 调节XYZ轴参数

选中上一步创建的立方体，然后按住"Ctrl键"并使用"移动"工具向上移动且复制一个立方体模型，通过对XYZ轴的调节将场景的基础外框做出来。如图3-198。

通过布尔运算做出桌子。创建一个立方体，通过缩放大概拉出想要的大小，再创建一个小一点的立方体。如图3-199。移动小立方体，和另外一个产生交集。

 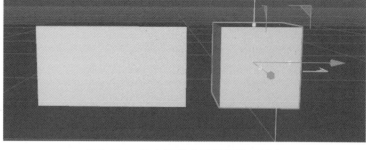

图3-198　创建场景基础外框　　　　图3-199　布尔运算中的前期模型创建

在工具选项中找到并选择"布尔"工具（图3-200），将被减去的物体放在减去物体的上面。注意：这里我们需要保证两个立方体都是布尔对象的子集。如图3-201。

图3-200　"布尔"工具　　　　　　　图3-201　层级关系

注意： 在布尔运算的"对象属性"中，可以观察到"布尔类型"有四种，分别为A加B，A减B，AB交集，AB补集（图3-202、图3-203）。A为布尔运算中的第一个子集，B为布尔运算中的第二个子集。

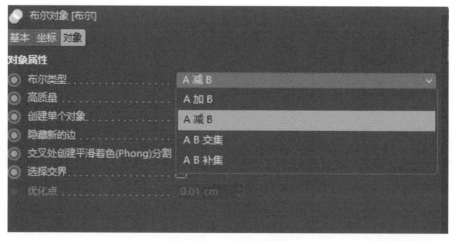

图3-202　布尔运算选项

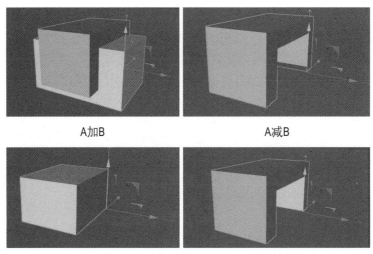

A加B	A减B
AB交集	AB补集

图3-203　布尔运算展示

复制一个做好的桌子，做桌上桌。再增加两个立方体做房间底座氛围装饰。如图3-204。

创建立方体，通过缩放拉出相框的基本形态，如图3-205。然后将其"转为可编辑对象"（快捷键为C）。

在"面"模式下，鼠标右击选择"循环/路径切割"，如图3-206。选择想要切割的宽度。

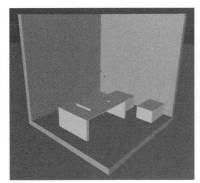
图3-204　场景布置

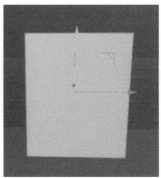
图3-205　创建相框基本形态

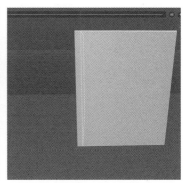
图3-206　切割

按住空格键，切换工具。再次选择"面"模式，选择中间的面，然后选择"倒角"命令，向左平移凸出，向右平移内凹。如图3-207。

加入立方体，通过缩放使之变成长方体，加入相框做灯管，方便后期制作发光效果。如图3-208。

图3-207　创建体积结构

图3-208　创建灯管

创建吊灯支架，可以选择基础模型"圆柱"，将圆柱拉伸。在立方体图标上长按，会出现很多图形，选择"胶囊"命令（图3-209）。

在左侧面板中转化模型为"可编辑对象"，在"面"模式下，长按鼠标选择工具，选择"框选"工具，如图3-210。然后选择要删去的面。

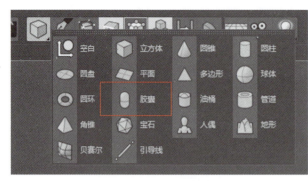

图3-209　选择"胶囊"命令

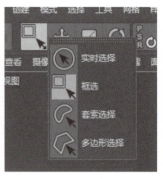

图3-210　选择"框选"工具

在"面"模式下，点击鼠标右键，选择"封闭多边形孔洞"，将鼠标悬停在需要封闭的孔洞处，点击一下，就将孔洞封闭了。如图3-211。

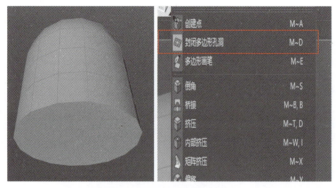

图3-211　封闭多边形孔洞

在底部添加圆环。注意：每一个圆环都要分开，方便后期添加不同颜色的灯光。如图3-212。

在前面的基础上，用简单的几何体搭建出药水置物架。如图3-213。

图3-212　添加圆环

图3-213　搭建药水置物架

注意： 做到这一步的时候需要将图层进行有效管理，因为场景建模物体较多，需要整理好每一个物体的图层。如图3-214。

在前面的基础上，用简单的几何体搭建出药水架子、小药水瓶子等简单图形。如图3-215。

图3-214　管理图层　　　　图3-215　场景搭建效果展示

（2）材质编辑

用Octane渲染器新建材质球。方法一：在材质编辑栏双击即可新建一个材质球，如图3-216。方法二：在渲染窗口上方选择"创建"-"材质"命令进行材质球创建，如图3-217。

图3-216　新建材质球方法一

图3-217　新建材质球方法二

用鼠标双击材质球,在"材质编辑器"里为材质球添加颜色和材质(图3-218)。如果想要丰富场景氛围,例如呈现赛博朋克色彩感,那就要做发光的材质球。在"材质编辑器"上方搜索栏,搜索Rgb,点击拖拽到界面中,如图3-219。在Shader着色器中可以调节发光颜色。如图3-220。

图3-218 添加颜色和材质

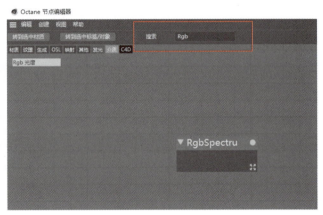

图3-219 搜索Rgb

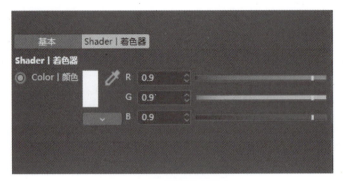

图3-220 调节发光颜色

新建"纹理",点击Rgb,在右上方放远点按住不松手,拖拽到"纹理"上,连接起来,如图3-221。接着,利用右侧"Shader着色器"中的Power调节发光的强度。然后再将"纹理"连接到材质球的"发光"选项上。如图3-222。

图3-221 新建"纹理发光"

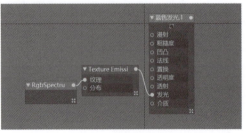

图3-222 "纹理"连接材质球"发光"选项

注意：如果新建错误，想要删除，需要右击材质，在"编辑"选项下选"删除"。如图3-223。

图3-223　选择"删除"

（3）模型渲染

为物体赋予好颜色，再将做好的人物模型拖拽进来，放在想要的位置上。然后创建摄像机，点击"摄像机"后面的放大，便可以进入摄像机视角，这个视角便是接下来渲染的视角。如图3-224。

图3-224　创建摄像机

点击"渲染"-"编辑渲染设置"，如图3-225。选择渲染器，并选择图片要保存到的位置，如图3-226。

图3-225　编辑渲染设置　　　　图3-226　"渲染设置"参数

在Octane渲染界面，点击"设置"，如图3-227。设置预设，参数按照如图3-228所示来设置。

图3-227　点击"设置"

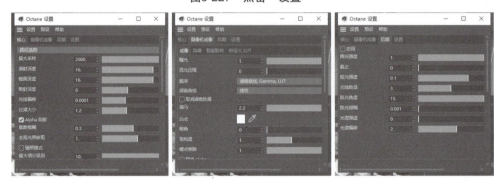

图3-228　渲染参数设置

如图3-229所示，点击"渲染"-"渲染活动视图"，这样就可以渲染出图了。最终的效果图如图3-230所示。

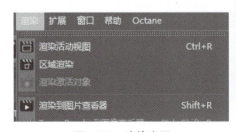

图3-229　渲染出图

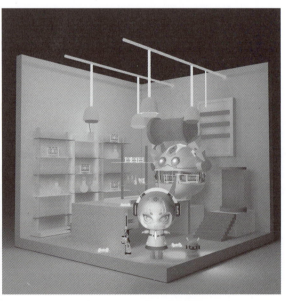

图3-230　最终渲染效果图

3.5 使用Nomad制作IP形象

3.5.1 Nomad软件工具简介

Nomad是一款针对移动设备的数字雕刻工具，版本经常更新，所以本书没有具体指定软件版本。其图标如图3-231所示。

图3-231　Nomad软件图标

图3-232就是Nomad的主界面。界面设计简洁明了，功能强大，适合初学者和专业用户使用。从窗口上来看，主要由菜单栏、工具栏、快捷栏、层面板、画布区几个大的模块构成。用户可以根据自己的需要进行布局和调整。下面进行窗口中几个部分具体功能的介绍。

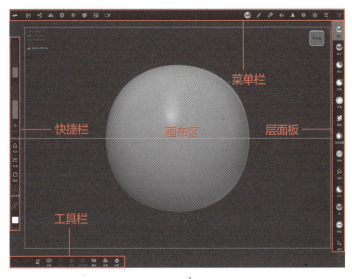

图3-232　Nomad主界面

菜单栏： 菜单栏位于画布顶部，包含文件、编辑、工具、材质、选项等菜单。当鼠标悬停在各个菜单上时，通常会出现下拉菜单，展示更多可用的功能和选项。用户可以点击每个菜单获取更详细的信息。例如，通过"文件"菜单，用户可以打开、保存或导出3D模型；通过"编辑"菜单，用户可以执行常见的撤销、重做、剪切、复制和粘贴等操作；通过"工具"菜单，用户可以选择不同的雕刻和绘画工具，以及绘图笔刷设置、布尔操作等选项。

工具栏： 工具栏位于画布下方，包含各种工具和选项，如雕刻工具、绘画工具、笔刷选项等。用户可以通过单击工具栏上的不同按钮来选择不同的工具和选项。工具栏的内容可以根据用户的需要进行自定义，用户可以添加或删除不同的工具和选项。

快捷栏： 快捷栏通常包括常用工具和快速访问选项，多位于界面的底部或侧边，以便用户更轻松地执行常见任务。注意，不同的软件版本，其界面和功能会有所变化，具体的快捷栏设置也可能会有差异。用户可以自定义快捷方式。例如，用户可以将最常用的雕刻工具、笔刷选项或材质设置添加到快捷栏中，以便更快速地访问。

层面板： 层面板位于画布右侧，用于管理模型的各个层，用户可以对不同的层进行隐藏、锁定、删除等操作。例如，用户可以将模型的不同部分放置在不同的层中，以便更好地管理和控制。层面板还提供了一些高级功能，例如，可以对不同的层进行合并、重命名、复制等操作。

画布区： 画布区是Nomad的主要工作区域，面积最大，位于界面中心，用于显示3D模型和进行雕刻、绘制等操作。用户可以使用手指或笔来进行操作和绘制。Nomad还支持多点触控和Apple Pencil等输入设备。在画布区中，用户可以对模型进行移动、旋转、缩放等操作，也可以选择不同的雕刻和绘画工具来对模型进行修改。

除以上几个基本功能区外，还应再了解一下Nomad的其他功能界面。

基本笔刷： Nomad有完整的数字雕刻基础功能，它提供了一套基本的笔刷，包括黏土、褶皱、移动、铲平和平滑，支持笔刷强度的衰减设置、图章、车削等功能，方便用户在3D模型上添加、修改和细化细节。Nomad中的基本笔刷，有适用于建模硬表面模型的硬面笔刷（Hard Surface Brush），适用于建模有机形状的有机笔刷（Organic Brush），可以在模型表面添加纹理和细节的纹理笔刷（Texture Brush）。能实现一些特定创意效果的特效笔刷（Special Brush），包含一些特殊的功能，如抠图、平面绘画等。此外，还包括直线和曲线切割工具等。图3-233为笔刷面板区。要了解关于Nomad中基础笔刷的更多详细信息，可以查阅官方文档或教程。

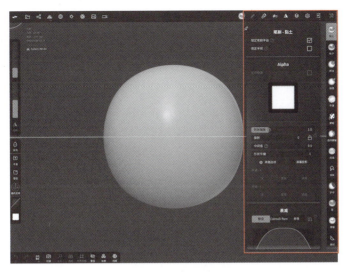

图3-233　笔刷面板区

动态细分和多重网格：动态细分功能可以在渲染时增加细节。功能类似于ZBrush或Mudbox等软件的桌面工具动态细分系统，可以自动改变正在雕刻的网格部分的分辨率，以适应新的细节。它允许用户在创作过程中使用相对较少的多边形数来构建模型，然后在渲染时通过细分算法来增加多边形的数量，从而得到更多的细节。动态细分功能还可以通过控制细分级别来平衡模型的细节和性能。如图3-234。

多重网格是一种在编辑模型时增加细节的技术。它允许用户对模型进行几何变换（如平移、旋转、缩放等），而无需担心丢失细节。多重网格是通过在模型周围创建一个低分辨率的网格，并在必要时根据需要添加更多的细节来实现的。这种技术可以让用户在编辑模型时保持模型的流畅性，同时不会牺牲细节。如图3-235。

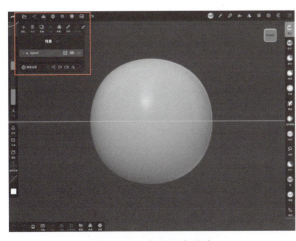

图3-234　动态细分系统

图3-235　多重网格

这两种技术通常一起使用，以获得更好的数字雕刻体验。用户可以在创作过程中使用动态细分系统来增加模型的细节，然后使用多重网格来进行几何变换，同时保留细节。最终，用户可以通过使用动态细分系统在渲染时增加模型的细节，以获得更高的质量。

绘画工具： Nomad中的绘画工具是其强大的功能之一。Nomad提供了丰富的绘画工具，包括基本笔刷、形状笔刷、纹理笔刷、Alpha笔刷等，可以通过菜单栏、工具栏或快捷键访问这些绘画工具（图3-236）。用户可以根据需求选择不同的笔刷，并自定义笔刷的参数，例如笔刷的大小、强度、流量、硬度等。

Nomad还支持多层绘画，用户可以通过添加图层来实现不同元素的分离。可以对每个图层进行独立编辑和调整，例如修改透明度、图层融合模式等。

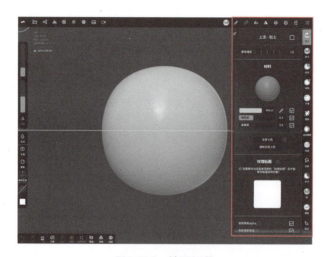

图3-236　绘画工具

PBR渲染： PBR渲染是Nomad另一个强大的特色功能。Nomad采用基于物理的渲染（PBR）技术，可以模拟真实世界的光照效果，使渲染结果更加真实。用户可以通过菜单栏或快捷键打开渲染窗口，并在其中预览渲染结果。Nomad还支持渲染设置，用户可以选择不同的渲染器、设置材质属性、调整光照参数等。

在渲染过程中，Nomad支持实时预览，可以及时查看渲染结果，从而快速调整渲染参数，得到满意的效果。图3-237是PBR渲染面板。

图层区： 在Nomad中，图层区是一个用于管理和编辑图层的面板，可以通过单击工具栏上的"图层"按钮来打开它（图3-238）。图层区位于界面的右侧，并且可以通过左侧的菜单栏中的"图层"选项来调整大小和位置。可以创建、删除、复制和重命名图层，还可以调整它们之间的顺序。

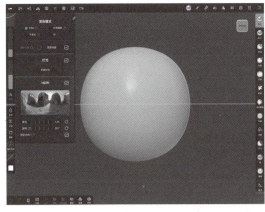
图3-237 PBR渲染面板

图3-238 图层区

每个图层可以包含不同的模型或部分，并且可以应用不同的材质和纹理。可以使用图层蒙版来控制特定区域的细节或效果，例如遮罩、透明度、颜色和高度。图层蒙版可以通过选择图层并单击"添加蒙版"按钮来创建，并使用不同的绘画工具对其进行编辑。

图层区还有混合模式和不透明度选项，用来控制每个图层的外观和叠加方式。例如，可以使用"正常"模式来叠加图层，或者使用"叠加"模式来添加光亮和阴影效果。

3.5.2 案例实战："茶·拾"系列IP形象道具制作

以"茶·拾"系列"祁门红茶"IP形象的道具三维模型搭建，作为使用Nomad软件建模的案例介绍。

创建皇冠主体

在Nomad的"项目"中，点击"新建"按钮（图3-239），进行项目新建。删除新建预设的球体，在新建结构中选择"基本体"-"圆锥体"，如图3-240所示，新建基础模型后利用"轴向变换"对其进行厚度、大小的预设。

图3-239 新建项目

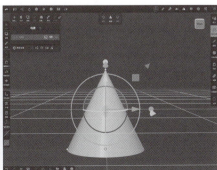
图3-240 创建"圆锥体"

选择右侧工具栏中的"移动""拖拽"等工具对基础模型进行雕刻，完成基本造型后利用"平滑"工具对其进行打磨，打磨后效果如图3-241所示。由于皇冠的主体是轴对称的，因此，在这个部分的雕刻中，可以利用画笔的"对称"选项，更方便快捷地对模型进行雕刻。

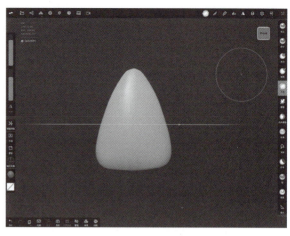

图3-241　打磨雕刻

在场景中选中雕刻好的模型进行克隆，并利用"轴向变换"将克隆好的模型调整至合适位置，重复两次，至皇冠主体部分完成。在这一部分中，可以充分利用视图的变换对皇冠造型、位置进行观察和调整。在场景中选中已经雕刻并调整好的三个模型，将其进行连接。具体选项和效果如图3-242。

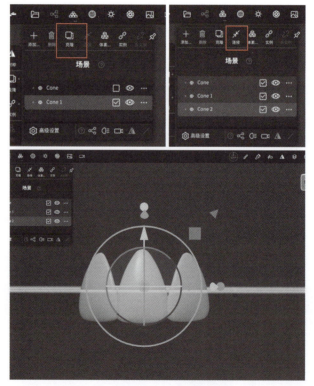

图3-242　雕刻皇冠造型

创建皇冠装饰

在新建结构中选择"基本体"-"圆柱体",如图3-243所示。新建基础模型后利用"轴向变换"对其进行厚度、大小、方向的预设,如图3-244所示。选择右侧工具栏中的"平滑"工具对其进行一定的打磨。在新建结构中选择"基本体"-"球体",新建基础模型后利用"轴向变换"对其进行厚度、大小的预设(图3-245),使其成为一个大小合适的扁状的椭圆体,并移至相应位置。

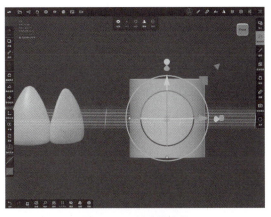

图3-243 创建基本体

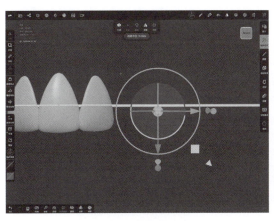

图3-244 编辑基本体

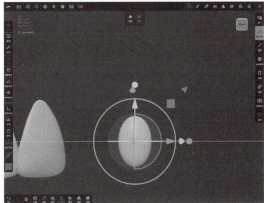

图3-245 预设厚度、大小

在场景中选中雕刻好的模型进行克隆。在选中要克隆的椭圆体的状态下进行"轴向变换",设置"角度吸附"为60°。将其旋转后移至相应位置,重复此步骤至六片花瓣完成。如图3-246。

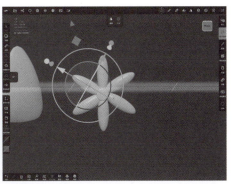

图3-246 克隆模型编辑花瓣

在场景中选中已经调整好的六个花瓣和打磨好的圆柱体,将其进行连接,如图3-247所示。将已经连接好的花朵装饰移至相应位置,如图3-248所示,再重复克隆步骤,完成整个皇冠的装饰部分。

图3-247　在场景中进行连接　　　　　　　图3-248　完成整个皇冠的装饰部分

建立皇冠顶部并导出OBJ文件

在新建结构中选择"基本体"-"球体",如图3-249所示,新建基础模型后利用"轴向变换"对其进行大小、位置的预设。将已经预设好的圆球移至相应位置,如图3-250所示,再重复克隆步骤,完成整个皇冠的顶部部分。

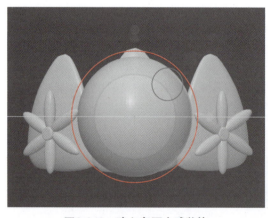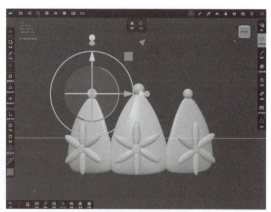

图3-249　建立皇冠小球装饰　　　　　　　图3-250　调整位置

导出OBJ格式文件，参数如图3-251所示。至此，皇冠这一部件的模型制作完成。

图3-251　导出格式参数

最终，"茶·拾"系列的"祁门红茶"IP形象的道具三维模型的渲染是和人物形象一起在软件KeyShot中进行的。具体渲染方式在本书第3章的3.2中已介绍。渲染细节效果如图3-252所示。

图3-252　渲染效果图

第 4 章

IP 形象衍生品开发

4.1　IP形象+盲盒

4.1.1　什么是盲盒

盲盒是潮流玩具的一个品类，也是一种艺术周边的形式。普遍认为盲盒诞生于日本，被称为"Mini Figures"，后流行于欧美，被称为"Blind Box"，也有的被称为"Mystery Box"。之所谓称之为盲盒，是因为在打开盒子之前，消费者根本不知道里面会是什么。因为不知道会得到什么，盲盒成为一种充满惊喜和收集乐趣的方式。有些物品可能非常稀有，因此收藏家会不断购买盲盒，以期望获得特定的珍贵物品。目前对盲盒最广泛的定义为：一种类似于彩票的商品，商家将任一动漫、影视作品的周边或设计师设计的玩偶玩具放入密闭盒子内，消费者拆开后才可以知晓其所选中的具体商品类型。

盲盒的内部造型以玩偶居多，玩偶原型来自设计师的原创IP形象，部分形象依托于动画（Animation）、漫画（Comic）、游戏（Game）、轻小说（Light Novel）等，即ACGN中的IP角色进行创作，也有通过联名或签约版权协议设计造型的手办，以及与品牌联合专门为盲盒产品线设计造型的潮玩。当今市场上，盲盒已经不再局限于玩具和手办。万物皆可盲盒的营销方式，让很多其他的门类也加入盲盒的队伍之中。例如书籍盲盒、彩妆盲盒、机票盲盒、文具盲盒、奶茶盲盒、面包盲盒，甚至是奢侈品盲盒等。

盲盒的流行在一定程度上要归功于社交媒体和在线社区，因为人们经常会分享他们打开盲盒的体验和收藏成果。这种模式也刺激了收藏和交换文化，使得盲盒收藏成为一种社交活动。

4.1.2　盲盒的分类

盲盒往往会以系列的方式推出。除了普通款以外，每个系列中还会推出隐藏款、特别款、稀缺款等造型。在盲盒"随机性"这个特征的基础上，隐藏款增加了盲盒在"幸运值"方面的吸引力，让盲盒富有收藏价值的同时，能满足盲盒消费者的猎奇心理，带给其类似于购买彩票的刺激感。

普通款，是指整套盲盒系列中的基本款式，大多数消费者购买到的款式均为基本款。目前市面上的盲盒基本款数量多数为6~12个。每个款式的单价为39~89元居多，系列总价为600~1000元不等。

隐藏款，是指整套盲盒系列中抽中概率最低的款式，一般抽中的概率为1/100~3/100，有的甚至更低。例如，泡泡玛特公司公布的隐藏款的概率为1/144。隐藏款的单价和普通款是一样的，但因为隐藏款具有稀有的特质和更高的收藏价值，因此往往会溢价出现在二手平台或其他交易市场上。

4.1.3 盲盒相关流行词解释

盲盒——商家将具有一定IP属性的玩偶玩具等放入密闭盒子内，消费者拆开后才可以知晓其所选中的具体商品类型。

隐藏款——在整套盲盒系列中，抽中概率最低的款式，一般抽中的概率为1/100~3/100。

普通款/基本款——在整套盲盒系列中，除了隐藏款、特别款、稀缺款以外的其他基本款式。

热款/萌款——比较火的款式，喜欢的人很多。这种款式在二手市场或盲盒圈流通的时候，往往会有保值或溢价的情况。

雷款——大家都不怎么喜欢的款式。

体——指的是发售的数量，一般这个字出来大多数情况下就是指限量款。

端盒——一口气买一整盒同一系列的盲盒，这样可以避免单次购买同一系列盲盒时重复买单款的可能，但在端盒时如果抽到隐藏款，普通款就会少一个。

明盒——指拆盒不拆袋，看到了盒内卡片，确认了款式；或者是拆盒拆袋的确认款盲盒。

吊卡——在盲盒圈也会有人称之为"明盒"。这种盲盒没有盒子，是以透明包装将里面的款式直接展示给消费者看。有些被作为福利品，需要在展会现场抽中购买名额才可以购买，也属于比较稀少的款式。

站柜——是指用于柜台展示摆放的盲盒。

编号——有一些盲盒的发售是限量的，因此会有独一无二的编号，物以稀为贵，满足了人们喜欢惊喜和凑齐全套的心理。

身份卡——盲盒的身份证明卡片，类似于人的身份证，是判断盲盒是否是正品的标准之一。交换盲盒或者买卖二手盲盒时，如果没有身份卡，不太好出手，或者价格要比有卡的盲盒要低很多。

摇盒——一些盲盒玩家会在网络平台上分享自己端盒后每只款式的重量和手感，所以会有玩家在实体店拿起盲盒进行摇晃或轻轻捏盒，根据手感来判断盲盒大概率会出现的款式。

配重币——厚度不一的塑料片，自带不同的重量，防止一些人通过重量来确定盒子里面玩偶的款式。

欧皇——每次都能抽到自己喜欢的款式，运气好到让人羡慕。

非酋——每次都抽不到自己最爱的那一款，运气很差。

吸欧气——指希望借助好运抽到自己期待的款式，这里的好运通常是指抽到隐藏款或大热款的盲盒玩家的运气。

改娃——通过换色、拼色、添加装饰品等方式对拆出的盲盒款式进行改装，以达到独一无二的外形状态。

植绒——是制作盲盒的一种材质，制作出来的玩偶摸起来毛茸茸的，但这种材质的缺点是有点容易脏。

官瑕——指拆开的新盲盒带有出厂时的小瑕疵，不是人为造成的。

盒卡齐全——通常是在二手交易市场或盲盒圈进行盲盒的二次流通时用到的词汇。一般二手盲盒会因为包装盒和身份卡片是否齐全而影响价值。盒卡齐全也是证明盲盒是正品的指标之一。

毕业了——一个系列中，所有自己喜欢的款式都抽到了，或者是一系列全收集齐了，甚至连隐藏款也收入囊中，就可以说这个系列毕业了。

入坑——因为热爱，要进入这个"坑"了。

退坑——不想玩了，要退出这个圈子。

梦想家——一般用在交换盲盒的时候，是指想用已拆开的盲盒的大雷款换别人的大热款。

五字福利——指"限时不限量"。官方对发售的盲盒限定某一时间售卖，在这段时间内可以任意购买，不限制售卖数量。对于平常需要抽选才可以购买的群体来说，这是一种福利。

Z世代——指新时代人群，也称为"网生代""互联网世代""二次元世代""数媒土著"，通常是指1995—2009年出生的一代人。他们一出生就与网络信息时代无缝对接，受数字信息技术、即时通信设备、智能手机产品等影响比较大。

4.1.4 盲盒的发展背景

明治时代（1868—1912年）末期，日本百货公司为年末清仓处理商品尾货而采用的"福袋"促销方式，算是盲盒的雏形。19世纪下半叶，工业革命后的英国出现了现代自动售货机原型，出售的货品包括门票、香烟、饮料、零食等，继而出现了各类具有现代概念的自动售货机。在结合"福袋"促销方式的基础上，将IP手办、玩具模型、饰品挂件等放入外形为圆形胶囊状的塑料包装盒内进行打包出售，人们称之为"扭蛋"，这一售卖方式推动了盲盒市场的进一步发展。目前，消费者仍然可以在各大商场或者街边看见扭蛋机。

进入20世纪90年代后，扭蛋市场上开始出现《美少女战士》《新世纪福音战士》等动漫中的角色人物模型。这些结合动漫IP的扭蛋顿时大受欢迎，并逐渐成为日本独特的文化现象。同时期，盲盒传入中国，最初以"集卡"的形式出现，一些零食品牌推出了凑系列卡片中大奖换礼物的形式，后发展为推出系列IP形象卡片，如干脆面里面的"水浒英雄卡"等，这在青少年群体中掀起集卡热潮。

2012年，盲盒开始在国内被少量地讨论，至2016年因泡泡玛特公司的大力推广而逐渐风靡。这个时期正是中国经济发展，Z世代渐渐成长为消费主力军的时期，盲盒逐渐走入人们的视线，并逐步加入了潮玩狂潮的概念。当下比较流行的潮玩形象有，美国设计师KAWS创立的潮玩品牌Original Fake、日本Dreams株式会社推出的Sonny Angel、日本Medicom Toy推出的Bearbrick和中国香港设计师Kenny Wong设计的嘟嘴小女孩Molly等。

近几年，出现了"万物皆可盲盒"的热潮。据行业协会数据显示，2020年底，全球盲盒市场规模已达到243亿美元，其中亚洲地区盲盒市场规模达77.76亿美元，占全球总规模32%；北美市场盲盒市场规模达55.89亿美元，占比23%；欧洲盲盒市场规模为51.03亿美元，占比21%。盲盒在中国也十分流行，无论是传统文化、潮流文创，还是企业文化，都有盲盒的存在。盲盒文化是从2009年开始进入中国市场的，当时主要是一些海外品牌在中国销售。这一阶段的盲盒产品以玩具为主，在网络平台销售。从20世纪90年代中国出现盲盒雏形，到2012年盲盒产品开始在国内出现，再到2016年国内头部盲盒企业发力开始盲盒营销，国内盲盒市场一直处于平稳发展期。此后，在资本的加注下，2019—2020年，中国盲盒经济掀起热潮，2019年也被定义为"中国盲盒消费元年"。2020年至今，盲盒在中国的发展依然非常活跃，线上消费逐渐成为主流。此外，随着5G技术和虚拟现实技术的不断发展，盲盒市场也开始探索数字化产品和虚拟场景的应用。总的来说，盲盒市场也在中国的发展中出现了多元化、创新化和规范化的趋势。

4.1.5 国内盲盒品牌及代表性IP

目前在中国市场上比较畅销的10个盲盒品牌有：泡泡玛特（POP MART）、寻找独角兽（FINDING UNICORN）、52TOYS、19八3、九木杂物社、名创优品（MINISO）、酷乐潮玩、若态（Robotime）、十二栋文化、IP小站（IP Station）。

泡泡玛特，成立于2010年，公司全称为北京泡泡玛特文化创意有限公司，是中国领先的潮流文化娱乐公司，围绕全球艺术家挖掘、IP孵化运营、消费者触达、潮玩文化推广、创新业务孵化与投资五个领域，构建了覆盖潮流玩具全产业链的综合运营平台。其品牌理念为"创造潮流，传递美好（To light up passion and bring joy）"。泡泡玛特签约了Kenny、毕奇、龙家升等知名潮玩设计师，优质潮流IP有Molly、The Monsters、SkullPanda、Dimoo、Pucky、小甜豆、Bunny、Crybaby、Pino Jelly等（图4-1），旗下众IP与各界知名品牌合作，让更多的国外潮玩品牌关注国内市场，为中国潮流玩具文化的蓬勃发展增添动力。截至2021年12月31日，泡泡玛特在中国大陆的线下直营门店达到295家，拥有1611台机器人商店，深度覆盖了全国103个城市，并且在美国、英国、日本、韩国、新西兰、中国台湾、中国香港等地设有分支机构或零售店。

图4-1 泡泡玛特旗下热门IP形象（图源：泡泡玛特官网）

寻找独角兽，成立于2018年5月，隶属于深圳市寻麟文化娱乐有限公司。该公司致力于在全世界发现那些独特又美好的艺术家及IP作品，其品牌理念为"发现艺术之美，引领艺术潮流"，陪伴每一位用户在艺术之旅中探索人生未知的乐趣，最终抵达心灵深处，实现情感共鸣。目前，其业务主要包括五大板块：艺术家发掘培育、IP孵化运营、潮流艺术产品发售、艺术传媒宣发，以及艺术策展和拍卖。旗下已签约且孵化多个全球具有影响力的顶级IP——Farmer Bob、RiCO、ShinWoo、卓大王、Flcorn、嘚噢哗（YEAOHUA）等（图4-2），并和艺术家们共同发售超百款潮流艺术作品，全球粉丝数已逾2000万，为全球艺术潮流文化产业注入了一股全新的力量，并逐渐成为影响当代青年的艺术潮流全产业链平台。

图4-2 寻找独角兽旗下热门IP形象（图源：寻找独角兽官网）

52TOYS，创立于2015年，隶属于北京乐自天成文化发展有限公司，以"让生活再有趣一点"为使命，以"让收藏玩具成为更多人所热爱的生活方式"为愿景，致力于为每代人创造属于他们的收藏。52TOYS是一个动漫游戏衍生品互动平台，主要为用户提供模玩、玩具手办、动漫周边等产品的品牌资讯、新品玩具评测、玩家达人分享等内容。此外，用户也可以在平台内进行玩具交易。平台致力于解决玩物购买渠道不通畅、用户水准良莠不齐等问题。目前，52TOYS已拥有盲盒、机甲变形、可动人偶、静态人偶、设计师/艺术家玩具五条产品线。自研IP包括KIMMY&MIKI、BOX系列、超活化系列、招财宇航员、皮奇奇、Lilith等；并与迪士尼公主、猫和老鼠、蜡笔小新、胖虎、罐头猪LULU等众多国内外知名IP达成合作（图4-3）。全面稳定的开发实力为旗下自主研发的社交电商平台蛋趣App提供了丰富的产品。

图4-3　52TOYS旗下热门IP形象（图源：52TOYS官网）

19八3，成立于2010年，隶属于艾派集团（中国）有限公司，是一家集潮玩商品零售、艺术家经纪、衍生品开发与授权、明星潮玩运营、ATS潮玩展会主办于一体的多渠道IP平台运营商。19八3通过自有优质IP变现产业链已研发近千种创意产品，产品涵盖六大品类，包括潮流玩具、盲盒、关节娃娃、棉花娃娃、玩具收纳、IP创意周边。其品牌理念为"让潮玩更好玩（MAKE TOY FUN）"。其中核心IP包括Proudybaby、银河旅客、Little Amber、凸仔QUAY、小牙弟MupaMochie、大牙兄MupaMallow、拉博尔Larvochoi、孚妮Rinfenni、奈沐Naraemoon等（图4-4）。

图4-4　19八3旗下热门IP形象（图源：19八3官网）

九木杂物社，成立于2016年，隶属于九木杂物社企业管理有限公司，是晨光文具旗下的独立品牌，致力于为广大追求品质的年轻人提供具备实用美学的文创产品，让更多人享受来自文创、文具、生活的美好体验。品牌定位为做中高端文创杂货的集合店，专注于为消费者提供一个实用、有品质、讲美学的"逛空间"。

名创优品，创办于2013年，隶属于名创优品（广州）有限责任公司，是一家以设计研发为驱动、线上线下共同发展的消费新零售企业，不断通过"IP联名、优秀设计、黑科技"赋能产品创新，面向全球市场推出"好看、好玩、好用"的产品，以满足消费群体的物质追求与情感要求。品牌口号是"点亮全球99国美好生活"。目前，名创优品已经成功进入全球超100个国家和地区，在全球范围内拥有超过5000家门店，遍布纽约、洛杉矶、巴黎、伦敦、迪拜、悉尼、伊斯坦布尔等全球知名城市核心商圈。

酷乐潮玩，成立于2012年，隶属于宁波星动力潮流百货有限公司。星动力始创于1997年，2012年转型，成立"酷乐潮玩"品牌。历经20多年的发展，公司已在全国拥有超300家门店，1000万会员群体，从一家"充满惊喜"的创意生活杂货公司，成长为潮流杂货IP零售平台。品牌以"用芯分享，激活快乐"为使命，宣扬独特、乐爱、潮流、趣玩的品牌个性，持续跨主题、拓品类叠加IP，构建玩乐化消费场景。

若态，诞生于2007年，是全球知名的木质工艺品、木质拼接玩具品牌，旗下拥有若来、若小贝、若客三个子品牌。若态的设计理念是"专注原创，天生不一样"，致力于为全球成人和儿童提供具有想象力、创造性的DIY手工原创产品，以及智能型、互动性的拼装玩具。若态的产品畅销于美洲、欧洲、东南亚等国家，在国内遍布多个城市的商场、超市、礼品店、书店等流通渠道。

十二栋文化，成立于2016年，是北京十二栋文化传播有限公司旗下专注于IP衍生品研发的品牌，主营原创动漫品牌创作、自主IP形象开发与授权、产品设计与周边衍生以及运营推广等多项业务，旗下拥有长草颜团子、破耳兔、龙小可、八吉、猪嗝和兔嗝、制冷少女等多位原创IP形象，现已成为中国互联网原创动漫产业中一家系统性布局ACG全产业链条的IP孵化公司。十二栋文化与众多品牌开展了跨界合作，包括京东、屈臣氏、富士、康师傅、光明乳业、名创优品、浦发银行等。

IP小站，成立于2017年，隶属于玩偶一号（武汉）科技有限公司，是集潮流商品销售、互动体验和IP推广于一体的IP及衍生品推广平台，围绕IP孵化运营、技术开发、消费者交互体验及潮流互动等，大力推广潮玩文化。IP小站的价值主张是"传递IP乐趣（Delivery the happiness of IP）"，目前已拥有700多个IP授权的SKU（Stock Keeping Unit，库存量单元，引申为产品统一编号）产品，并与SonnyAngel、阿狸、十二栋文化、ACTOYS、乐自天成等众多知名IP方达成战略合作。

4.1.6 盲盒文化延伸与产品研发

自从2019年被定义为"中国盲盒消费元年"开始，盲盒经济发展迅速，这不是商业文化的被动收编，更多的是消费者的主动投入。新媒体时代下，作为营销手段的媒介具有了更多的文化指征，而盲盒作为亚文化的载体之一被赋予了更多的商业意义。在媒介与文化的"合谋"下，盲盒的营销战绩得以在各个领域遍地开花。

盲盒文化日益火热，火速出圈，各类盲盒也如雨后春笋般涌出，赶在时代潮流的前端抢占市场高地。为了收割当下年轻消费者的心，各个行业开始偏爱采用跨界品牌"盲盒＋"的商业模式，消费市场上随处可见盲盒的身影，盲盒与公益、餐饮、文具、旅行、电商、影视、美妆、博物馆甚至NFT（全称为Non-Fungible Token，非同质化代币）进行结合，例如考古盲盒、图书盲盒、文具盲盒、奢侈品盲盒、美妆盲盒、零食盲盒、服装盲盒、机票盲盒等。不禁让人感到"万物皆可盲盒"，而购买盲盒也被爱好者们戏称为"只有零次和无数次"。

在盲盒文化产品研发层面，现阶段比较普遍的有自主研发、与成熟品牌协作、授权委托第三方等方法。

自主研发

自主研发又分为两种模式，一种是设计定义自身IP形象，制作专属盲盒。例如"故宫盲盒"，故宫博物院以先前走红的故宫猫（图4-5）和皇宫人物角色（图4-6）等独家内容为关键品牌形象，根据故宫文化产品定位开发设计，形成成熟的IP内容输出，是故宫盲盒经营成功获客的核心。

图4-5　故宫猫"锦衣卫"（图源：天猫故宫博物院文创旗舰店）

图4-6　故宫"宫廷宝贝"（图源：天猫故宫博物院文创旗舰店）

另一种是把售卖的物品包装为盲盒进行销售，例如"图书盲盒"，书店基于无法满足读者个性化购书需求的考虑，推出了线上盲选活动，赢得了众多读者的青睐。好看的盒子千篇一律，有趣的图书万里挑一。商家通过打造系列"主题盲盒""作家盲盒"等"半透明"性质的盲盒给予消费者心理预判，利用文字标签给消费者前情提要，防止读者盲拆后产生较大的心理落差，促使购物行为发生。

与成熟品牌协作

例如Farmer Bob作为寻找独角兽品牌家族的一员，是近年来受年轻消费者喜爱和追捧度较高的潮玩IP之一，在潮玩领域打破次元壁垒，通过品牌联名不断破圈出圈，拓展受众圈层，打造具有跨次元影响力的联名合作IP形象，吸引着越来越多的95后年轻消费者。2018年腾讯视频出品的《即刻电音》瞄准Farmer BoB的百变可塑性，主动与BoB合作推出联名限量款，联名款Drop BoB以独具匠心的夜光设计为综艺注入潮流态度和科技先锋感，让综艺节目整体调性风格得到提升（图4-7）。2019—2020年，Farmer BoB以其在年轻消费者中的影响力和潜力，吸引全球知名高端化妆品牌兰蔻连续两年与之合作，推出爆款限量联名礼盒，以不同的BoB形象助力兰蔻品牌年轻化潮流化转型（图4-8）。2022年，玛莎拉蒂与BoB联名，推出全新限量款潮玩，并以200%精品盲盒、300%精品大娃以及500%精品大娃等形式呈现（图4-9）。

图4-7　Drop BoB

图4-8　兰蔻联名BoB

图4-9 玛莎拉蒂联名BoB

授权委托第三方

例如三星堆博物馆授权委托第三方发布了"祈福神官"主题盲盒（图4-10）。2019年5月，北京服装学院艺术设计学院教师杜尽知收到了三星堆博物馆以及产品策划方宇宙尘埃（北京）文化传播有限责任公司的邀请，参与并展开了这套主题盲盒的设计工作。这套盲盒选取了5个极具代表性的文物形象，分别配以人设，强调其天人合一、人神互通的灵气，打造出一个青铜时代的"偶像天团"。2020年，该设计荣获中国旅游商品大赛银奖。

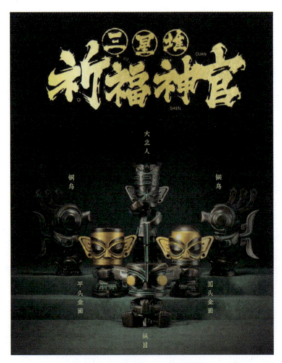

图4-10 三星堆"祈福神官"

4.1.7 文创IP + 盲盒

文创产品

文创产品是文化创意产品的简称,是传统文化的现代延伸。它的传播有利于提升传统文化的知名度、号召力和影响力。文创产品 = 文化 + 创新 + 产品,是以文化为元素,通过创意、构思、设计,结合不同载体而构建的一种产品。倒过来看,它首先是一个产品,然后是有创新价值的产品,再然后是附加有文化内涵的创新性产品。

具有创新性的文化创意产品是以文化为基础的,将具有文化内涵的物质或非物质重新创造和重新设计。要求在设计过程中以用户需求为切入点,寻找文化意涵与商品呈现形式之间适宜的脉络关系。它们是艺术家、设计师或工匠展现精神内涵的产品。故宫博物院前院长单霁翔提到:"什么叫文化创意产品?我的理解是,一是要深入地研究人们生活,人们生活需要什么,就研发什么。二是深入地挖掘我们的文化资源,把文化资源提炼出来,和人们的生活对接,人们才会喜欢。"在开发文创产品时,要以人们真正喜欢的文化创意产品为目标,紧跟市场需求,把握市场动向,助力文创产业升级。

文化创意产品往往属于软性需求的产品,主要是满足消费者的精神、情感和文化需求。通过文化创意产品研发,弘扬中华优秀传统文化和社会主义核心价值观,是宣传中华非物质文化遗产,提高国家软实力,建立民族文化自信的重要途径。

文化 + 盲盒

近年来各种文化创意产品层出不穷,但是真正能够"常青"的却屈指可数。在信息爆炸式增长的时代背景下,当代年轻人的空闲时间越来越碎片化,以轻量级IP抢占碎片化时间的盲盒脱颖而出。盲盒以"潮流文化"为基石,是潮流玩具里最出圈的产品形式,融合了现代时装、传统文化、艺术等潮流因素,代表了这个时代的流行文化,更代表了这个时代年轻人的文化品位追求,表达的是一种态度。

"文化 + 盲盒"指的并不只是和文化有关的产品,而需要在文化的基础上,加入巧思妙想,融入创意,使文化性与盲盒的商品性达到浑然一体的境地。应合理借鉴盲盒的设计和营销原理,以跨界融合、"好玩"、有艺术感的形式把产品的文化内涵传达给大众,也应处理好文创产品与感知记忆关联最紧密的部分,使文创产品设计表征与受众自身的认知理解相碰撞,从而使受众理解产品所表达的语义内涵。

当前盲盒IP主要有两种类型,一是来自知名影视、动漫、游戏、历史人物等有故事背景的现存IP;二是由设计师设计的没有故事背景的原创IP。盲盒IP要多进行跨学科、跨行业的尝试,多从中华优秀传统文化中汲取智慧和营养,挖掘更多具有时代意义和深刻内涵的中国元素。在坚守本真性原则的基础之上,外部形态有一些变化亦是合理的,材质、样式的变化和更新并不代表本真性的丧失,关键在于守住"灵魂"。传统文化向"酷"的转变,让时尚潮流不再轻飘飘,更让使用者与购买者彰显自己独特有趣的个性品位与深厚不凡的文化素养。在理想化的状态下，设计师为情怀而设计文创产品，消费者因情怀而消费文创产品。强IP属性和个性化定制是文化创意盲盒定制的两大关键因素。

与普通文创产品相比，"文化+盲盒"是一条将传统文化与现代时尚有机结合，让文化走进生活的创新路径。盲盒文化符合年轻人求新求异的探索性和娱乐性的消费心理。盲盒的强设计感和强IP粘连度，既符合年轻人个性化的审美趣味，又满足了盲盒玩家的情感需求，是对盲盒身后的优秀文化艺术的发展的一种探索，进而有助于提高全社会的精神文明水平，满足人们对美好生活的需求。

创新盲盒玩法

以"茶·拾"系列盲盒为例，以"文创IP+盲盒"的方式，将中国传统茶文化中的"中国十大名茶"设计成十个拟人形象，加入数字IP的概念，创新盲盒玩法。具体实施步骤：消费者在线下实体销售店内拿起任意一款"茶·拾"潮玩盲盒，扫描外包装上的二维码即可通过阅读文字、观看视频等方式了解十大名茶采茶、制茶等小知识；消费者购买后，还可以扫描内置卡片背后的二维码来获取官方商城的抽奖机会，可以抽取到品尝装茶包、茶叶币、优惠券等，扫描内置卡片正面IP形象还可以获取专属IP形象，从而加强产品与消费者之间的互动性。此外，结合茶叶产地等信息的展示，还可以为消费者提供茶品安全追溯服务，提升消费体验感。通过茶文化IP的打造，有助于在年轻群体中打开新的茶叶市场，在一定程度上推动茶行业的发展。如图4-11所示。

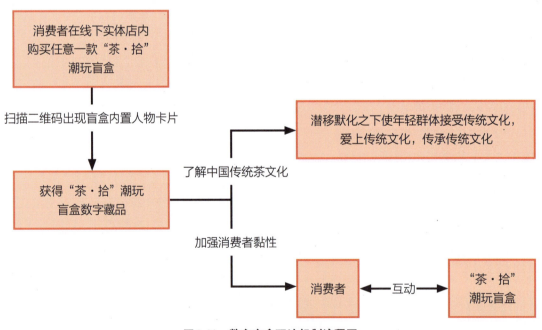

图4-11 数字盲盒玩法机制流程图

盲盒包装设计

现在盲盒IP形象的设计除了本身的造型设计之外，还需要有相关的包装设计。"FWES"系列和"茶·拾"系列IP形象设计的外包装如图4-12所示。

图4-12　盲盒包装设计

现在市面上盲盒的包装种类较多。最常见的盲盒包装形式是盒装，产品以一个盒子的形式出售，盒子通常具有吸引人的外观设计，上面可能印有IP形象、品牌标志或产品信息，消费者购买盲盒后，通过打开盒子来揭示内部的随机物品；袋装盲盒的包装形式将产品放在一个封闭的袋子等包装中；筒装盲盒的包装形式将产品放在一个圆筒中，通常带有可旋转或推拉的盖子，消费者可以通过旋转或打开盖子来揭示内部物品，筒装盲盒常用于较大尺寸或形状特殊的产品；胶囊盲盒的包装形式将产品放入小型胶囊中，类似于糖果机中的胶囊，消费者通过投币或旋转机器来获得一颗随机的胶囊，里面装有随机物品，胶囊盲盒常用于小型玩具或文具产品。

从材料的选择上来看，包装盒的材料选择有木材、硬纸、纸板、塑料、皮革、铁、亚克力、玻璃等。现在演变成用木、纸及其他材料混合生产的材料。对于盲盒包装来说，一般会选用纸板或塑料等材料，因为这些材料可以制作出各种形状的包装盒，并且有较高的成本效益。此外，还需要考虑盲盒的隐秘性和开启方式。盲盒包装通常采用易于开启的方式，如可拆封的纸盒、拉链袋或翻盖设计，以便消费者能够轻松打开并揭示内部的内容。同时，为了保持产品的隐秘性，盲盒的包装材料一般会选择不透明或视觉效果模糊的材料。以"FWES"系列IP形象设计的外包装盒为例，设计者选定的纸为双铜纸，因为材料质感相对比较高级，适合小而精致的包装盒设计，比如盲盒这种小物件的包装盒。现在市面上的包装盒虽然五花八门，但盲盒包装的设计一般都需要注意以下内容。

引人注目的外观： 盲盒的包装应该具有吸引人的外观设计，能够引起目标消费者的兴趣和好奇心。通过色彩、图案、标志等元素的运用，使包装在货架上能够脱颖而出。可以采用特殊的表面处理技术，如烫金、凹凸纹理等，增加包装的质感和视觉效果。

明确的品牌标识： 包装上应明确展示品牌名称、标志或商标，以增强品牌辨识度和记忆度。这有助于建立品牌形象，并让消费者能够轻易地识别产品来源。

产品信息和说明：包装上应包含必要的产品信息，如产品名称、型号、规格、使用方法等。此外，还可以提供有关产品特点、故事背景、收藏价值等的说明，以增加产品的附加值。

保护和安全性：盲盒包装需要确保产品在运输和储存过程中的完整性和安全性。应适当选择耐压、防水、防震等材料，并设计合理的内衬、填充物等，以保护产品不受损坏。

用户体验：包装设计要考虑用户的使用体验，简洁易开启、易拆封、易于存储和携带等都是需要考虑的因素。盲盒包装的开启不应需要太大的力量或太多的工具，否则用户会感到困惑或沮丧，体验感将大打折扣。

环保可持续性：在包装设计中考虑环保因素，选择可回收、可降解的材料，减少对自然资源的消耗和对环境的负面影响。此外，可以鼓励消费者将包装进行回收、再利用或正确的垃圾分类处理，减少废弃物的产生。

现在包装盒的封口规格也有很多，市面上常见的有管式、黏合封口型、摇盖插入型、插锁型、锁口型、插入摇盖型、一次性防伪型、正揿封口型、连续摇翼型这九种封口设计。尺寸常见的有5cm×5cm×10cm，4cm×4cm×18cm，8.3cm×4.8cm×16cm。

案例"FWES"系列IP形象设计的包装选择的是现在市面上比较常见的管式包装盒。基本形态为四边形，封口方式不同，优点是成本低，方便运输，可做变化。本例选择的尺寸是5cm×5cm×10cm。如图4-13所示。

1号位填写：
产品系列名称的logo

2号位填写：
品牌（选填）
材质（选填）
产品名称（必填）
产品型号（必填）
适用年龄（必填）
执行标准（必填）
制造商名称（必填）
制造商地址（必填）
维护方式（选填）
保质期（选填）
二维码（必填）
包装或说明书中含重要信息
应保留（必填）
警告语（必填）

3号位填写：

注意：产品安全警示语中的"危险""警告""注意"字体为不小于四号（5mm*5mm）的黑体字，警示语中描述字体为不小于四号（3mm*3mm）的黑字体。模型产品的标志应该清晰易读且持久耐用。

4号位填写：
挑选最受欢迎的人物作为封面设计中的封面图。

5号位填写：
所有盲盒的平面图。
隐藏款可以用剪影。

6号位填写：
盒子的底部，可以选择填充一个颜色，也可以添加自己喜欢的图案。

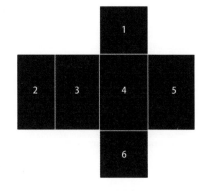

图4-13　管式包装盒设计

1号位为整个盒子顶面，设计比较简单，由于在摆放区，一般消费者的第一视角都会先看见顶面，所以"FWES"系列IP形象设计的盲盒包装的顶面设计是产品的logo，希望能最大化地展现出产品的系列介绍，让消费者一眼看出是"FWES"系列IP形象设计。如图4-14所示。

2号位的设计内容是商品的详细资料，包括材质、产品名称、产品型号、制造商名称、制造商地址和二维码等，还有最重要的指示标志或警告语。比如：包装内部含有小部件，请勿吞食。如图4-15所示。

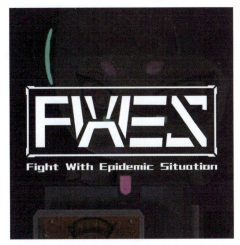

图4-14　包装盒1号位

3号位有一个附属小机器人的形象在画框上，提示：随意丢弃本产品，可能会对环境造成影响，请妥善进行回收处理。由于是侧面，所以将logo放在左上角便于观看的位置。如图4-16所示。

图4-15　包装盒2号位　　　　图4-16　包装盒3号位

4号位是整个盒子的正面，正面人物选取了系列形象中的一款作为主图。一般位于正面的形象也称为封面款，封面款的背景设计的是盲盒售卖店的场景以及logo的展示。整体颜色使用深色，并用荧光亮色点缀，借鉴了"赛博朋克"的设计风格。如图4-17所示。

在封面右边的5号位放入了整个系列的IP形象，考虑构图问题，并没有放入盲盒全身构图形象，而是选择了"半身照"。因为隐藏款要保留神秘感，所以在隐藏款的剪影形状中填充了灰色，并在中间打上问号，以保持神秘感。在背景的设计上也延续了盲盒售卖店的设计，但特意选取了不同的视角作为背景。如图4-18所示。

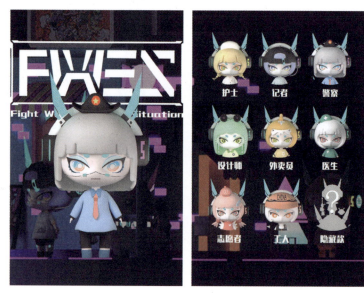

图4-17　包装盒4号位　　　　图4-18　包装盒5号位

6号位是封底的位置。所以设计的信息并不多，一般会有厂家出厂信息和简单标识。总体效果如图4-19所示。

图4-19　包装盒总体效果

同样采用纸盒包装设计的还有"童乐"IP形象系列，也包含了封面页、侧面信息页和全款图展示页等，区别在于上下包装盒封口黏合处，采用了交叉式设计。并且"童乐"IP

形象外包装设计把注册商标和logo分别设计在了顶面和底面处。如图4-20所示。

图4-20　"童乐"IP形象外包装设计

"茶·拾"IP形象设计的外包装打破了常见的形式，采用的是一种特殊的盲盒包装。其创意灵感来源于茶盒。结合传统不锈钢茶叶罐的形式，在符合设计主题的同时，倡导节约精神，践行绿色环保的主题，保质期长且可以循环利用。外包装设计结合"茶·拾"潮玩盲盒的中国传统茶文化主题，以十大名茶中的铁观音二维IP形象作为包装封面。主logo设计的图形元素来源于"中国十大名茶"的缩写转换，共有黑白两色（图4-21），可根据使用场景改变颜色，这样的元素简约但不简单，既能够突出设计的主题，又能够做到不抢主体形象的风头。位于盲盒包装正面中心的主形象图形元素，是一版插画，作用是让消费者一眼就可以看见产品，进而更期待产品的样式。设计中的辅助图形是将"中国十大名茶"元素与新时代流行的设计元素结合在一起，将包装的一整面都铺满，在视觉上做到统一但不单调。表现力足够强的图形元素能够充分体现产品独有的特性，更好地传达出设计者所想表达的文化。如图4-22所示。

图4-21　主logo黑白两色展示

图4-22 "茶·拾"IP形象外包装设计

盲盒卡牌设计

包装设计完成了,那么还有哪些是需要设计的呢?以盲盒为例,不可缺少的还有盲盒内部的卡牌设计(图4-23)。设计盲盒里面的卡片可以从卡片内容、尺寸、形状、互动元素,以及版权和防伪方面进行设计。卡片的内容应与盲盒的主题、IP形象相一致,可以包括角色介绍、故事背景介绍、商品信息、互动游戏介绍等。内容可以是文字、图片、插图或组合形式,根据目标受众和产品定位选择适合的表达方式。卡片的设计应吸引人眼球,并要与盲盒包装和整体形象风格协调一致。可以运用明亮的色彩、有趣的图案和独特的排版布局,营造出活泼、引人入胜的视觉效果。卡片的尺寸和形状可以根据盲盒的大小和包装布局来决定。一般来说,卡片应足够小以适应盲盒内的空间,但又应足够大以清晰显示内容。可以选择标准的长方形、方形,或其他特殊形状的卡片设计,以增加卡片的独特性。卡片设计可以添加一些互动元素,增加用户的参与感和体验乐趣。例如,可以设计成折叠式卡片,让消费者逐步展开,或者设计成可旋转、可拼图的形式,让消费者进行拼合和收藏。这样的互动设计可以增加消费者的好奇心和探索欲望。对于盲盒中的卡片,特别是限量版或稀有卡片,可以考虑添加版权信息和防伪措施,以保护知识产权和防止盗版。例如,在卡片上添加品牌标识、版权声明、唯一编码等,确保卡片的合法性和独特性。

案例"茶·拾"IP形象盲盒内置卡片设计以单人形象为主,结合潮流元素,将中国传统茶文化更好地与Z世代融合。如图4-24所示。互动设计在于,消费者购买后可以扫描内置卡片背后的二维码来获取官方商城的抽奖机会,在这里,消费者可以抽取到品尝装茶包、茶叶币、优惠券等，以此方式丰富并串联整个盲盒的玩法，增强与消费者之间的互动性，推动消费者的购买欲望。凭借每个盲盒不同的序列号，消费者还可以在小程序中认领专属于自己的茶树，再通过日常的小任务进行云种植，待虚拟茶树成熟后，消费者便可根据自己的喜好兑换茶叶，以此方式带动茶叶的销售，在一定程度上能帮助更多的茶农。

图4-23　FWES系列IP形象卡片设计

图4-24　"茶·拾"IP形象卡片设计

其他周边产品的设计可以运用同样的方式，借助文字和图像元素，传达品牌的核心价值观和故事，通过巧妙的插图、标语或品牌标识的运用，让产品更富有故事性，更能引起情感共鸣。在IP形象推广中，周边设计以品牌的核心IP形象为基础，通过创意设计和独特的产品形式，将品牌形象延伸到消费者的日常生活中。周边设计在关注结构和功能的基础上，要确保产品符合用户需求并提供良好的使用体验。

4.2　IP形象＋其他周边

　　IP形象衍生品指的是基于某一IP形象开发的各种衍生品，包括但不限于文创产品、周边商品、电子游戏、动画片、电影等。它们通常是由授权商或品牌所有者授权给其他厂商生产和销售的，周边及衍生品设计需要从目标受众和品牌定位出发，充分考虑设计的实用性、美观性、与IP形象的相关性，以及生产成本和市场营销策略等方面的因素。这些衍生品能够丰富原有IP形象的内涵和外延，扩大IP形象的文化内涵和市场价值，给消费者带来多元的消费体验，提高消费者的黏性和忠诚度，带来更多的商业价值和社会影响力。

　　在本书中，主要介绍和艺术设计关联度较高的一些周边设计，如包宣传品、纪念品、玩具、生活用品、数字产品等。

4.2.1　IP形象＋宣传品

　　IP形象的宣传品包括海报（图4-25）、宣传册、展览、广告、插画（图4-26）、绘本（图4-27）、动画、表情包（图4-28）等。这些产品通过图片、文字、视频等形式，宣传和展示IP形象的形象特点、品牌文化和故事背景，从而提高公众对IP形象的认知度和好感度，增强品牌价值和影响力。其中，海报和宣传册通常被用于活动和展览现场。广告则常出现在电视、网络、报纸等媒体上，是品牌推广的重要手段之一。展览则更具针对性，通常用于吸引目标受众，展示IP形象的魅力和吸引力。

第 4 章 IP 形象衍生品开发

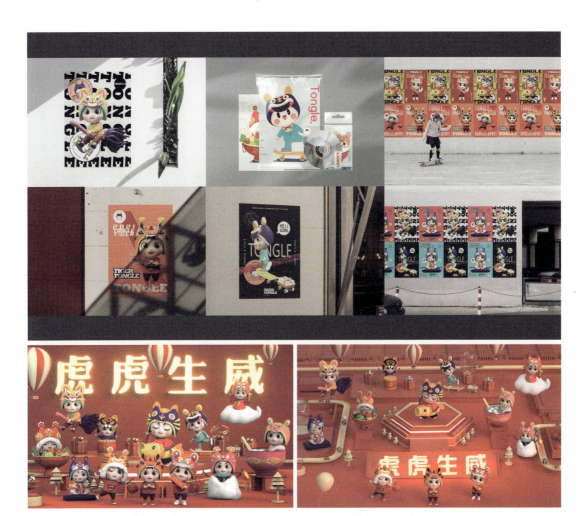

图4-25 "童乐"IP形象系列海报设计 / 设计：吴智健、茅嫣薇、赵新宇、马倩倩 / 指导老师：栗宗爱、张煜鑫

图4-26 FWES系列IP形象系列插画设计

图4-27 "茶·拾"系列IP形象绘本设计

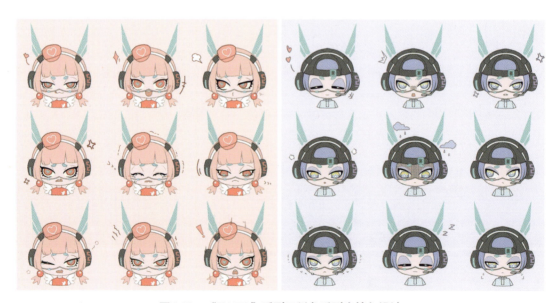

图4-28 "FWES"系列IP形象系列表情包设计

4.2.2 IP形象＋纪念品

比如纪念币、纪念印章、T恤、明信片、钥匙扣、冰箱贴、手机壳、扇子、日历、书签等常见的物品。这些纪念品不仅可以作为收藏品或礼品，还可以作为IP形象推广的重要手段。制作精美的纪念品，可以提升人们对IP形象的认知度和好感度，促进其在市场上的推广和销售。如图4-29所示。

图4-29　纪念品设计 / 设计：蔡成、周鑫、章尧、高琳珊 / 指导老师：张煜鑫

4.2.3 IP形象＋玩具

IP形象玩具是指以IP形象为原型或灵感创作的各类娃娃、手办、模型、盲盒等产品。IP形象玩具通常以追求高还原度为目标，力求呈现出原形象的细节和特点。它们往往具有精细的雕刻、丰富的细节表现、可动的关节和多样的材质选择。玩具的材质包括树脂、PVC、塑料、金属等，制作工艺有手工制作和机器制造两种方式。IP形象玩具通过收藏和交流等方式可以为粉丝带来愉悦的消费体验。如图4-30所示。

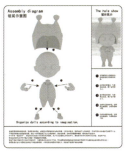

图4-30　玩具设计 / 设计：吴智健、茅嫣薇、赵新宇、马倩倩 / 指导老师：张煜鑫

4.2.4 IP形象+生活用品

服饰

可以是以IP形象为主题的服装设计，也可以是印有形象图案、logo或其他标志，或以IP形象为主题的各种饰品，比如手链、项链、耳环、戒指等。通常采用IP形象相关图案、颜色来设计，整体呈现出特定的视觉风格，带给人们独特的视觉感受和品牌印象。如图4-31所示。

图4-31　服饰设计

日用品

指基于特定的IP角色、品牌或主题进行设计和制造的各类生活用品，旨在满足人们的日常生活需求，并以IP形象作为产品的核心卖点，为品牌带来商业机会，通过销售这些生活用品来扩大品牌影响。包括抱枕和靠垫、洗漱用品、雨具、水杯、餐具、口罩、行李箱、鼠标、鼠标垫、笔记本、U盘等。这些产品以IP形象为主题，通过不同的设计方式展现出IP形象的魅力。如图4-32所示。

图4-32　生活用品设计

4.2.5 IP形象+数字产品

　　IP形象的数字产品通常是指与IP形象相关的数字内容和服务，例如手机游戏、电子书、动画片、音乐、视频等。其中，IP形象的手机游戏是近年来非常流行的数字产品。许多知名的品牌都推出了自己的手机游戏，利用IP形象作为游戏的主要元素，吸引玩家的关注。还有一些与IP形象相关的数字服务，例如视频浏览、音乐在线播放等。这些服务可以通过互联网快速地传播到全球各地，为品牌带来更多的收益和受众。如图4-33展示的AR交互设计。

图4-33　AR交互设计

参考文献

[1] 九州激荡四海升腾（百年大党面对面⑨）. 人民网，2002-06-02[2022-06-06].https://baijiahao.baidu.com/s?id=1734470072982469557&wfr=spider&for=pc.

[2] IDEO设计思维https://ideodesignthinking.cn/

[3] Alfred D.Chandler. Scale and Scope: The Dynamics of Industrial Capitalism[J].Southern Economic Journal，1990，33(6):61-64.

[4] Robert H.Mckim.Experiences in Visual Thinking.Journal of Aesthetics and Art Criticism，1973，32(2).

[5] 岩浅宪史，文志君. 日本扭蛋玩具风潮史[J]. 中外玩具制造，2010(1): 60-61.

[6] Seongwon Yoon（윤성원）. 보이지않는서비스 보이는디자인，2017-1-15[2021-7-20]. https://servicedesign.tistory.com/62#gsc.tab=0.

[7] 单霁翔.万里走单骑·辛丑季[M]. 北京：中国大百科全书出版社，2022.

[8] 赵星晨，陈庆军. 盲盒设计理念对文创产品的借鉴意义探究[J]. 包装工程，2021，42(20):375-380.

[9] 宋建明. 当"文创设计"研究型教育遭遇"协同创新"语境——基于"艺术＋科技＋经济学科"研与教的思考. 新美术，2013（11）：10-20.

[10] 高洋，马东明，钱皓，等. 基于格式塔原理的系列文创产品设计研究[J]. 包装工程，2020，41(6):115-122.

[11] 周浩明. 基于"全生命周期评价"的可持续设计思路与方法[J]. 工业工程设计，2020，2(3):25-34.